現代社会の福祉実践

黒田研二・狭間香代子・岡田忠克　編著

関西大学出版部

【本書は関西大学研究成果出版補助金規程による刊行】

はじめに

　本書は、関西大学人間健康学部の教員による社会福祉実践およびその周辺領域についての研究成果の一端を、論文集としてまとめたものである。関西大学堺キャンパスに人間健康学部が創設されてすでに6年が経過した。学部の完成の後、大学院人間健康研究科も開設され、学士、修士、博士の各課程を擁する部局へと発展してきた。本書は専門研究書として刊行するものであるが、大学院および学部教育にも活用していきたいと考えている。

　関西大学人間健康学部の「『生き方』としての健康」の視点を生かした現代社会の福祉実践について、研究論文集を出版しようという企画を1年前に立てた。その趣旨に賛同した教員が執筆した原稿を、「子どもと家族」「高齢者ケアと権利擁護」「ソーシャルワークと福祉実践」の3つのパートに分けて編集している。

　社会福祉の実践もそれに関する研究も、すぐれて学際的な課題である。本論文集に寄稿した教員の背景をみても、社会福祉学のみならず、社会学、文化人類学、医学、体育学というように多彩である。人間健康学部の教員全体の背景が学際的であることを反映したものであるが、社会福祉が、人々の健幸（Well-being）とそれを実現する社会の建設を目指していることを鑑みると、それにアプローチする人々が多彩な学際的視野を持ち合わせる必要があることも当然だといえよう。

　社会福祉が目指すものを広い視野から探求できるよう、本書の出版を契機に教員間の学問上の交流を深めていくことも課題としたい。

　　　　　　　　　　　　　　　　　　　　　　　　　　　　黒田研二

目 次

第Ⅰ部 子どもと家族

第Ⅰ章 子ども・子育て支援制度の論点と評価 …………………… 3
──就学前の教育・保育制度を中心に──（山縣文治）
- 第1節 子ども・子育て支援制度の背景 ……………………………… 3
- 第2節 子ども・子育て支援制度の課題 ……………………………… 12
- 第3節 子ども・子育て支援制度のポイント ………………………… 17
- 第4節 子ども・子育て支援制度の評価 ……………………………… 24
- おわりに …………………………………………………………………… 29

第Ⅱ章 被保護世帯の高校在学年齢者の生活実態 ………………… 31
（岡田忠克）
- はじめに …………………………………………………………………… 31
- 第1節 研究の目的 ………………………………………………………… 33
- 第2節 被保護世帯の生活状況 …………………………………………… 34
- 第3節 学校に見る子どもの貧困 ………………………………………… 45
- 第4節 考察 ………………………………………………………………… 53

第Ⅲ章 シングルマザーの生活史からみる貧困リスク …………… 59
──時間と空間の社会生態学の観点から──（西川知亨）
- はじめに …………………………………………………………………… 59
- 第1節 身体化する社会問題 ……………………………………………… 62
  ──社会的絆／社会資源の不足と再組織化
- 第2節 時間の圧縮による問題化──「近代家族」表象の圧力 ………… 68

第Ⅲ部　ソーシャルワークとアドミニストレーション

　　　第3節　空間の圧縮による問題化……………………………………73
　　　　　　——縁の変容とグローバル化による影響
　　まとめ……………………………………………………………………77

第Ⅳ章　多様化する結婚と家族……………………………………81
　　　　　　——進化論の科学言説が示唆する未来像——（森仁志）
　　はじめに…………………………………………………………………81
　　第1節　対立するシナリオ……………………………………………82
　　第2節　状況証拠………………………………………………………85
　　第3節　物的証拠………………………………………………………90
　　第4節　人類の性の歴史的変容………………………………………94
　　おわりに…………………………………………………………………96

第Ⅱ部　高齢者ケアと権利擁護

第Ⅴ章　高齢者の権利擁護と地域包括支援体制………………105
　　　　　　　　　　　　　　　　　　　　　　　　　（黒田研二）
　　はじめに…………………………………………………………………105
　　第1節　高齢者虐待の現状とその防止の課題………………………106
　　第2節　日常生活自立支援事業の現状と課題………………………110
　　第3節　成年後見制度の現状と課題…………………………………115
　　第4節　地域包括支援体制について…………………………………119
　　むすび……………………………………………………………………122

第Ⅵ章　心身の負担から介護を考える……………………………125
　　　　　　　　　　　　　　　　　　　　　　　　　（涌井忠昭）
　　はじめに～介護福祉士養成（教育）に携わって……………………125
　　第1節　高齢者を取り巻く社会の状況………………………………127

第2節　高齢化社会を見据えた国の取り組み……………………… 128
　　第3節　介護現場および介護福祉士養成施設の現状……………… 130
　　第4節　介護職員、介護福祉士養成施設の学生および
　　　　　　訪問介護員の心身の負担……………………………………133
　おわりに………………………………………………………………… 149

第Ⅲ部　ソーシャルワークと福祉実践

第Ⅶ章　ソーシャルワークと社会開発………………………………157
　　　　──新グローバル定義と日本におけるソーシャルワーカー
　　　　　　　　　　養成教育の課題──（所めぐみ）
　　第1節　新グローバル定義にある「社会開発」を考える………… 157
　　第2節　新グローバル定義：何がかわったのか……………………159
　　第3節　「社会開発」とは何か……………………………………… 162
　　第4節　ソーシャルワークと社会開発……………………………… 166
　　第5節　ソーシャルワーカー養成ならびに継続教育・学習の
　　　　　　課題と可能性………………………………………………… 169

第Ⅷ章　ソーシャルワーク実践における知と論理………………… 181
　　　　　　　　　　　　　　　　　　　　　　　　（狭間香代子）
　はじめに………………………………………………………………… 181
　　第1節　ソーシャルワークにおける実践知とは何か……………… 182
　　第2節　近代の知と経験知…………………………………………… 185
　　第3節　対話的な知と排除されたもの……………………………… 190
　　第4節　ソーシャルワーク実践とレンマの論理…………………… 193
　おわりに………………………………………………………………… 200

あとがき……………………………………………………………………203

第Ⅰ部

◆

子どもと家族

第Ⅰ章　子ども・子育て支援制度の論点と評価
　　　　――就学前の教育・保育制度を中心に――

（山縣文治）

第1節　子ども・子育て支援制度の背景

　子ども・子育て支援制度は、子ども・子育てに関する広範な内容を含むものである。その検討の背景にあった課題を5点に絞るとするなら、以下の内容になる。

1．少子化・人口減少の進行

　周知のように、わが国では少子高齢化が進んでいる。2016年の年間出生数の推計値はついに100万人を割り込んだ。合計特殊出生率は1.4台半ばまで回復してきているが、現在、出産の時期にあたっていると考えられる女性の出生時期である1980～1985年頃の年間出生数は150万人前後で、これがその10年後には120万人前後と一気に2割も減少する。すなわち、合計特殊出生率はさておき、出生数は今後急激に減少することは想像に難くない。

　社会保障・人口問題研究所（2012）による将来推計人口（中位推計）では、2025年の出生数は78.0万人と、現在より25万人近く減少するとされている。ただし、推計時の合計特殊出生率の仮定（1.35）より現在は上昇しており、高位推計（1.60）との開きを勘案すると80万人台前半というのが実際的な数字と考えられる。

　急激な少子化は、当然のことながら、人口の減少を招く。日本の総人口は、2048年に1億人を割り込み、2060年には8,700万人程度と予想されている。推計時の合計特殊出生率の仮定（1.35）より現在は上昇しているが、高位推計で

第Ⅰ部　子どもと家族

表1　出生数の推計　　　（千人）

	出生数			総人口 (出生・死亡 中位推計)
	低位推計 (1.12)	中位推計 (1.35)	高位推計 (1.60)	
2011	1,003	1,059	1,102	128,057
2015	832	952	1,066	126,597
2020	689	836	1,005	124,100
2025	642	780	938	120,659
2030	620	749	891	116,618
2035	586	712	850	112,124
2040	534	667	819	107,276
2045	464	612	792	102,210
2050	399	557	758	97,076
2055	355	512	718	91,933
2060	331	482	680	86,737

資料：社会保障・人口問題研究所（2014）

みても9,500万人にすぎず、少子化・人口減少は必須である（表1）。

　これらは、地方から順に保育所および幼稚園が供給過剰になること、一方で、子ども・子育て支援に関する施策の充実がなければ、出生数がさらに減少し、結果として、経済活動の停滞・萎縮が起こることを意味している。

2．人口集中化、就労化社会の推進

　少子化は、生活可能圏域と生活非可能圏域との区分けを徐々に鮮明にする。それは、後者の拡大という形で実体化する。その結果、生産年齢層は、雇用先を求めて、生活可能圏域に生活拠点を移す。人口の集中化である。全国規模でみると、これが東京圏に一極集中することになる。2020年の国勢調査の結果は、これを鮮明に表している。

　2014年5月、日本創成会議・人口減少問題検討分科会は、『ストップ少子

化・地方元気戦略』という提言を発表した（日本創成会議・人口減少問題検討分科会2014）。地方元気戦略とあるが、その内容は衝撃的で、同会議が定義する消滅可能性率[1]では、全国基礎自治体のほぼ半数が消滅の可能性があるとしている。都道府県別にみると、秋田県は大潟村を除く全市町村が消滅する可能性がある。次いで、消滅可能性市町村の割合が高いのは、8割台で青森県、北海道、山形県、7割台で岩手県、和歌山県、島根県、徳島県が続く（表2）。

　加えて、当面は高齢化がさらに進行し、経済活力の維持だけでなく社会保障費の確保という点からも、女性の就労化がさらに進むと考えられる。2015年秋、安倍首相の肝いりで発足した一億総活躍国民会議では、「一億総活躍社会」というスローガンを掲げ、第一の矢（希望を生み出す強い経済）、第二の矢（夢をつむぐ子育て支援）に続き、第三の矢（安心につながる社会保障）を射るとしているが、このような施策は、結果として男女の就労をさらに推進することになる。

3．幼稚園の後退

　少子化、就労化の進行の結果、就労対応力の弱い幼稚園は利用者を減少させていくことになる。もともと生産年齢人口の少ない地方では、これに人口の集中化が重なり、幼稚園は順次撤退せざるを得なくなる。

　市町村に公民の幼稚園が立地しているか否かを見ると、全くない市町村が約2割、これに1園のみを加えると3分の1を超える。すなわち、現状においてもすでに3分の1の市町村には、ほぼ幼稚園がないといっていい状況となっている（表3）。これが5割と半数を超えている状況にあるのは、高知県の82.4％を筆頭に、7割台で長野県、鳥取県、6割台で北海道、青森県、熊本県、5割台で島根県、岩手県、和歌山県、石川県の、1道9県ある。これはいわゆる休園を含めた統計であり、全体の3.6％（公立5.4％、民営2.6％）存在する在籍児がいない幼稚園を含めるとさらに状況は深刻となると考えられる（表4）。

　利用児数の減少も深刻で、1974年には、保育所利用児に比べて74.8万人も多かった幼稚園利用児が、24年後の1998年に178万人台でほぼ同数となり、2012

表2 消滅可能性市町村の状況

	市区町村数（2010）	消滅可能性市町村数（2040）	消滅可能性率		市区町村数（2010）	消滅可能性市町村数（2040）	消滅可能性率
秋田県	25	24	96.0	広島県	23	12	52.2
青森県	40	35	87.5	岡山県	27	14	51.9
北海道	179	146	81.6	千葉県	54	27	50.0
山形県	35	28	80.0	兵庫県	41	20	48.8
岩手県	34	27	79.4	三重県	29	14	48.3
和歌山県	30	23	76.7	石川県	19	9	47.4
島根県	21	16	76.2	長野県	77	34	44.2
徳島県	24	17	70.8	茨城県	44	18	40.9
鹿児島県	43	30	69.8	岐阜県	42	17	40.5
鳥取県	19	13	68.4	佐賀県	20	8	40.0
高知県	34	23	67.6	山口県	19	7	36.8
奈良県	39	26	66.7	福岡県	60	22	36.7
宮城県	35	23	65.7	富山県	15	5	33.3
愛媛県	20	13	65.0	埼玉県	64	21	32.8
長崎県	21	13	61.9	静岡県	35	11	31.4
大分県	18	11	61.1	東京都	39	11	28.2
新潟県	30	18	60.0	神奈川県	33	9	27.3
山梨県	27	16	59.3	栃木県	27	7	25.9
熊本県	45	26	57.8	沖縄県	41	10	24.4
宮崎県	26	15	57.7	大阪府	43	10	23.3
群馬県	35	20	57.1	滋賀県	19	3	15.8
京都府	26	14	53.8	愛知県	57	7	12.3
香川県	17	9	52.9	全国	1668	891	53.4
福井県	17	9	52.9				

＊福島県を除く

資料：日本創成会議（2014）

第Ⅰ章　子ども・子育て支援制度の論点と評価

表3　市区町村別幼稚園設置数

	なし	1園	2〜4園	5〜9園	10園以上	0・1園率	市区町村数
北海道	58	59	43	8	11	65.9	179
青森県	10	14	11	2	3	60.0	40
岩手県	7	11	9	2	4	54.5	33
宮城県	3	6	12	8	6	24.7	35
秋田県	5	7	8	4	1	48.0	25
山形県	9	7	11	6	2	45.7	35
福島県	10	16	17	4	12	44.1	59
茨城県	0	2	14	20	8	4.5	44
栃木県	1	3	10	4	7	16.0	25
群馬県	6	5	11	8	5	31.4	35
埼玉県	4	6	14	18	21	15.9	63
千葉県	6	8	9	12	19	25.9	54
東京都	11	1	5	11	34	19.4	62
神奈川県	0	4	9	7	13	12.1	33
新潟県	8	1	14	4	3	30.0	30
富山県	3	3	4	2	3	40.0	15
石川県	5	5	6	2	1	52.6	19
福井県	4	2	4	3	4	35.3	17
山梨県	9	4	12	1	1	48.1	27
長野県	50	11	9	4	3	79.2	77
岐阜県	12	8	9	8	5	47.6	42
静岡県	0	3	7	12	13	8.6	35
愛知県	6	7	13	19	9	24.1	54
三重県	7	5	5	6	6	41.4	29
滋賀県	0	1	4	7	7	5.3	19
京都府	5	3	9	5	4	30.8	26

大阪府	0	3	9	9	22	7.0	43
兵庫県	0	2	11	9	19	4.9	41
奈良県	8	7	11	6	7	38.5	39
和歌山県	9	7	8	2	4	53.3	30
鳥取県	12	2	3	0	2	73.7	19
島根県	9	2	1	4	3	57.9	19
岡山県	9	0	2	6	10	33.3	27
広島県	3	5	6	3	6	34.8	23
山口県	1	4	5	2	7	26.3	19
徳島県	4	2	7	2	9	25.0	24
香川県	0	1	4	7	5	5.9	17
愛媛県	4	1	3	6	6	25.0	20
高知県	14	14	4	1	1	82.4	34
福岡県	6	15	15	19	5	35.0	60
佐賀県	1	6	7	4	2	35.0	20
長崎県	5	1	10	2	3	28.6	21
熊本県	14	13	13	2	3	60.0	45
大分県	0	1	3	6	8	5.6	18
宮崎県	5	7	8	2	4	46.2	26
鹿児島県	4	6	20	8	5	23.3	43
沖縄県	0	11	12	10	8	26.8	41
全　　国	347 (19.9)	312 (17.9)	441 (25.3)	297 (17.1)	344 (19.8)	659 (37.9)	1,741 (100.0)

資料：文部科学省（2014）。休園数を含む。
　　　総務省（2015）。市区町村数は2014年5月1日現在。

年にはすでに58.3万人少なくなるなど、差が開いている。2014年には155.7万人で、前年度より2.6万人の減少であり、今後も差は開き続けると考えられる（図1）。

表4　市区町村別幼稚園設置数

	国　立	公　立	私　立	全　体
施設数	49	4,714	8,142	12,905
休園数	0	247	202	449
在籍児零園数	0	252	212	464

資料：文部科学省（2014）。

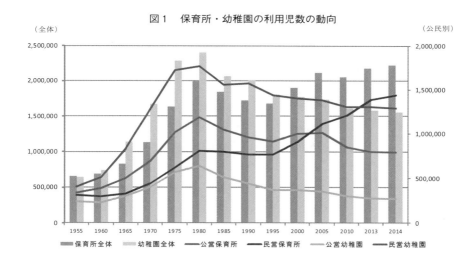

図1　保育所・幼稚園の利用児数の動向

4．減少しない待機児童

　2016年2月15日、はてな匿名ダイアリー（2016）に投稿された「保育園落ちた日本死ね!!!」と題するブログが、国会で取り上げられた。その対応の不適切さをめぐって、抗議運動が国会周辺でおこなわれるなど、大きな社会的関心を呼んだ。待機児童対策は、子ども・子育て支援制度の課題の一つであったが、実際にはまだまだそれが進んでいないことを如実に示すものであった。

　待機児童問題については、マスコミや社会の最も大きな関心事である。

　2015年4月の待機児童数は23,167人で、2010年以降減少していたが、5年ぶ

図2　待機児童数の推移

資料：厚生労働省（2015）

りに1,796人の増加となった（図2）。これは、新しい子ども・子育て支援制度による保育の必要性の認定の考え方が変化したこと、また、それに伴って利用希望者が増加したことなどによると考えられる。

　これに合わせて、待機児童のいる市区町村は374市区町村と、36増加したが、市区町村全体でいうと2割強に留まっている。また、7割以上が7都府県・指定都市・中核市に集中し、年齢も3歳未満児が8割を超えるといった状況に変化はない（表5）。

　なお、現在の待機児童の定義には、市町村の単費助成に認可外保育制度の利用が含まれないが、保護者の視点でみると、これを積極的に希望するものでない限り、不満は存在することになる。これは、第1希望順位の保育所を利用できなかった保護者も同様である。このような状況は、児童福祉法による保育所利用の基本である「選択制」が完成しているとはいいがたい。

表5　待機児童の状況

存在市町村数			待機児童の年齢（全23,167人）		
	2015年	2014年		2015年	2014年
全　数	374	338	0歳児	14.1%	16.4%
1～49人	260	240	1・2歳児	71.8%	68.1%
50～99人	52	39	3歳以上児	14.1%	15.5%
100人以上	62	59			

待機児童数の分布（全23,167人）		
	2015年	2014年
7都府県・指定都市・中核市	73.7%	78.4%
その他の道県	26.3%	21.6%

資料：厚生労働省（2015）

5．取り残されたままの地域子育て支援

　1987年に保育所機能強化費が予算化されて以降、施策としての地域子育て支援は、長らく保育所を中心に展開してきた。地域子育て支援センター、地域子育て支援拠点事業と発展しても、量的中心が保育所であることには変わりがない。この間、保育所以外の供給主体として、NPO法人や学校法人にも期待が高まった。保育所には1997年、幼稚園には2007年に、地域子育て支援が努力義務として位置づけられた。

　しかしながら、就学前の子ども全体では4割強、3歳未満児だけでみると7割以上が在宅子育て層であり、いまだにこの層に十分に手が届いているとはいいがたい（図3）。

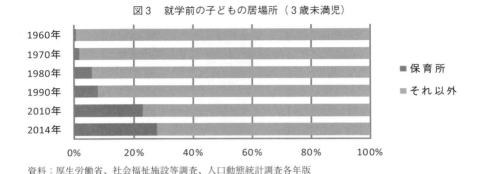

図3 就学前の子どもの居場所(3歳未満児)

資料:厚生労働省、社会福祉施設等調査、人口動態統計調査各年版

第2節　子ども・子育て支援制度の課題

1．就学前の子どもの育つ場の確保

　社会的使命を終えた資源が減少することは仕方がないかも知れない。しかしながら、子どもの生活からするとこれは深刻な問題で、保育所と幼稚園の二元化制度を維持すると、幼稚園のない地域では、「保育の必要のない子」は、小学校入学まで日常的に集団で育つ場がなくなることになる。少し大袈裟にいうなら、仲間と触れ合いながら育つ子どもの基本的人権が侵害されるということである。

　少子化による人口減少、就労化による人口の都市集中、両者の結果として、地方における幼稚園の減少への対応は、従来はあまり意識されてこなかった、きわめて大きな政策課題である。これは、すでに幼稚園がほぼなくなっている自治体においては、保育所の課題であり、現実には認定こども園への移行により、これに対応するしかない。

　一方、私立幼稚園においては、今後とも経営を維持できるかどうかを、どのような状況になったら判断するかという、経営判断が求められる。ここにおいても、判断の結果は、3歳未満の保育の必要のある子どもに対応することので

きる認定こども園への移行となる。

2．待機児童の解消

　地域的に限定されているとはいえ、待機児童を抱える家庭にとってこれは生活の維持に関わる非常に大きな問題である。待機児童解消のための施策は急速に進められているが、仮に将来待機児童問題が解消したとしても、保護者にとっては、おそらくすでに子どもが3歳を超え入所枠が確保されている状況であったり、小学校に入学して、自分たちには意味のない施策になってしまっている可能性が高い。

　すなわち、保護者の側からみると、市町村が保育の実施責任を果たしていない証左であり、保護者の保育所利用権を侵害しているといえる。結果として、その一部は、適切な環境のもとで子どもが育つ権利を侵害することになる。

　認可外保育施設の利用に追い込まれている子どもはその典型である。地域型保育給付に基づく事業や市町村単費等による認可外保育施設は、定義上、待機児童には含まれないが、そこを積極的に希望する場合でない限り、このことに変わりはない。

3．就学前教育の対等性の確保

　保育所も幼稚園も、少なくとも「保育」を目的とした施設である。法律上の目的の違いは、保育所の場合は、「保育に欠ける」という利用要件があること、幼稚園の場合は、「幼児（満3歳以上）」という年齢の下限があることである（表6）。しかしながら、両者の社会的イメージは大きく異なる。保育所は、子どもの養育をおこなっているところ、幼稚園は教育をおこなっているところというイメージである。その結果、子どもの養育は親が誰でもおこなってきたものであり、専門性が低いとみなされがちである。このことが、保育所の子どもは教育やしつけが不十分であるとか、保育士の給与は幼稚園教諭よりも低くていいといった、誤解や偏見を生じさせていると考えられる。

　このようなイメージの違いは、法律上、保育所は児童福祉施設、幼稚園は学

表6　保育所・幼稚園の目的

保育所	【児童福祉法第39条】 　保育所は、日日保護者の委託を受けて、保育に欠けるその乳児又は幼児を保育することを目的とする施設とする。 　2　保育所は、前項の規定にかかわらず、特に必要があるときは、日日保護者の委託を受けて、保育に欠けるその他の児童を保育することができる。
幼稚園	【学校教育法第22条】 　幼稚園は、義務教育及びその後の教育の基礎を培うものとして、幼児を保育し、幼児の健やかな成長のために適当な環境を与えて、その心身の発達を助長することを目的とする。

＊2014年当時の条文。

校教育機関と位置づけられていることから来ている部分も否定できない。とりわけ、教育の位置付けについては、保護者やマスコミ等でも誤解が多い。表7に示すように、保育所においても、教育は展開されている。また、教育基本法第11条に規定する幼児期の教育は、保育所においても展開されているというのが国自体の解説にもある。

　両者の違いは、保育所の教育は養護と一体的に「保育」として提供されていること、一方、幼稚園では、義務教育及びその後の教育の基礎を培う「保育」として提供されていることである。制度上、「義務教育及びその後の教育の基礎を培う」という規定が、学校教育か否か、すなわち学校か否かを区別する根拠となる。逆にいうと、保育所の子どもたちは「義務教育及びその後の教育の基礎を培う」教育を受けることなく、小学校に入学することになり、明らかに対等性に欠けている[2]。これは、憲法第26条の「能力に応じて、ひとしく教育を受ける権利」や、児童の権利に関する条約第28条第1項の「教育についての児童の権利」を侵害するとも考えられる。

　ただし、そこで展開される教育は、保育所保育指針と学校教育法第23条を根拠とする幼稚園教育要領において、少なくとも3歳以上については、健康、人間関係、環境、言葉、表現の5領域で展開すること、またその記述内容は両者でほとんど差がなく、実態としては大きな問題があるわけではない。

表7　保育所・幼稚園における教育

保育所	【保育所保育指針】 ・保育所は、その目的を達成するために、保育に関する専門性を有する職員が、家庭との緊密な連携の下に、子どもの状況や発達過程を踏まえ、保育所における環境を通して、養護及び教育を一体的に行うことを特性としている。 ・教育に関わるねらい及び内容 　健康　人間関係　環境　言葉　表現
	【児童福祉施設の設備及び運営に関する基準第35条】 　保育所における保育は、養護及び教育を一体的に行うことをその特性とし、その内容については、厚生労働大臣が定める指針に従う。
幼稚園	【学校教育法第23条】 　幼稚園における教育は、前条（注：幼稚園の目的である保育）に規定する目的を実現するため、次に掲げる目標を達成するよう行われるものとする。 　1　健康、安全で幸福な生活のために必要な基本的な習慣を養い、身体諸機能の調和的発達を図ること（注：健康）。 　2　集団生活を通じて、喜んでこれに参加する態度を養うとともに家族や身近な人への信頼感を深め、自主、自律及び協同の精神並びに規範意識の芽生えを養うこと（注：人間関係）。 　3　身近な社会生活、生命及び自然に対する興味を養い、それらに対する正しい理解と態度及び思考力の芽生えを養うこと（注：環境）。 　4　日常の会話や、絵本、童話等に親しむことを通じて、言葉の使い方を正しく導くとともに、相手の話を理解しようとする態度を養うこと（注：言葉）。 　5　音楽、身体による表現、造形等に親しむことを通じて、豊かな感性と表現力の芽生えを養うこと（注：表現）。

4．教育と保育の一体的提供施設としての認定こども園の推進

　日本の就学前の教育・保育制度は、学制（1872）により幼稚小学（現、幼稚園）という学校が規定されていたことに始まる。これにしたがい、東京女子師範学校（現、お茶の水女子大学）附属幼稚園が設置された。その後、幼児教育関係者のなかには、低所得者にこそ教育が必要であるとの考え方をするものがあらわれ、簡易幼稚園や貧民幼稚園が設置された。一方、保育所制度は、民間活動や地方自治体の活動としては存在していたが、公的制度としては児童福祉法の制定（1947）を待つことになる。

　幼稚園と保育所の関係の整理については、これまで4回程度の議論があった。

第Ⅰ部　子どもと家族

　保育事業の制度化を推進する社会事業関係者が、幼稚園とは異なる制度としての位置付けを求めるなかで開催された第一回全国児童保護事業大会（1926）で、内務省（当時の社会事業の管轄省庁）は二元化を前提とする議論をしていたが、文部官僚の菊池豊三郎は「託児所との区別でございますが、私は託児所と幼稚園とほぼ全然向一であると考へます」（中央社会事業協会1926：55）と主張している。その後も、児童福祉法の制定時、保育所が急増した1970年代から1980年代、さらに2005年前後から現在と、幼稚園と保育所との関係は繰り返し議論されてきた。

　子ども・子育て支援制度では、制度全体の完全一体化ではないが、幼保連携型認定こども園という一体化施設という選択肢が事業者側に与えられた。これについては、様々な批判もあるが、反対派も積極派もともに理論的支柱としている倉橋惣三（日本保育学会初代会長）は、「保育所と幼稚園とは、子どもの教育の場所として、何の差別のないことを、つまり幼児の社会境遇によって教育使命には（ママ）少しも差別してならないこと」（倉橋1953：147）と明記している。これを一体化とまで読み込むかどうかは別として、「教育的使命」は共通であることが少なくとも主張されている。

　シュアスタートやストロングスタートなど、初期の教育の重要性が世界的に指摘されている。かつ日本では、子どもの貧困率が高く、その世代間連鎖の断絶において、教育が大きな意味をもつと指摘されている。にもかかわらず、教育関係者は、保育と教育の用語の整理過程において、共通性よりも異質性を強調することで、幼稚園の優位性を主張する結果となり、「学校」教育保障が一部の子どもに限定されるという矛盾に陥っていることへの気づきが、残念ながら乏しいと感じられる。

　幼保連携型認定こども園は、一体化施設であるだけでなく、次項で検討する子育て支援も義務づけられており、教育・保育の質の向上という、この制度の目標にも合致するものとして、積極的な推進が求められる。

5．子育て支援の推進と明確化

　マスコミを通じて紹介される子ども・子育て支援制度の情報や評価は、待機児童対策や認定こども園制度がほぼすべてであるといっても過言ではない。しかしながら、筆者の見解では、日本の今後数十年を考えた場合に、この制度において、少なくともこれらと同等、それ以上に語られるべきは、子ども過疎地[3]の問題や地域における子育て支援の問題である。

　子育て支援については、保育所および幼稚園において、努力義務あるいは努力目標として位置付けられていた。これに加え、児童福祉法では地域子育て支援拠点事業（以下、拠点事業）を法定化し、社会福祉法上の第2種社会福祉事業としている。これら、3つの事業の内容は、保育所「保育」、幼稚園は「幼児期の教育」、拠点事業では「子育て」と、その対象はそれぞれの事業目的に即した内容とはなっているが、方法はいずれも「相談」、「助言」、「情報提供」であり、子育て支援としての専門性が不明確となっている（表8）。

　さらに、保育士については、「児童の保育及び児童の保護者に対する保育に関する指導」いわゆる保育指導または保護者指導が職務としても位置づけられている。養成課程でもこれに対応する科目が必修とされていたが、幼稚園教諭については、そのことが明記されていない。結果として、養成課程での対応もない。拠点事業においては、「子育て支援に関して意欲があり、子育てに関する知識・経験を有する」という、専門性を前提としない従事者配置となっている。

　子育て支援は重要な課題であるが、それをどのように制度上位置づけていくのか、これもまた子ども・子育て支援制度に期待されるところであった。

第3節　子ども・子育て支援制度のポイント

　子ども・子育て支援制度は、少子高齢社会の加速化、サービス整備の自治体間格差、サービス不足領域への対応などを背景に、①質の高い幼児期の学校教

表8　保育所・幼稚園における子育て支援

保育所	【児童福祉法第48条の3】 　保育所は、当該保育所が主として利用される地域の住民に対してその行う保育に関し情報の提供を行い、並びにその行う保育に支障がない限りにおいて、乳児、幼児等の保育に関する相談に応じ、及び助言を行うよう努めなければならない。 　2　保育所に勤務する保育士は、乳児、幼児等の保育に関する相談に応じ、及び助言を行うために必要な知識及び技能の修得、維持及び向上に努めなければならない。 【児童福祉法第18条の4】 　この法律で、保育士とは、(中略)、保育士の名称を用いて、専門的知識及び技術をもって、児童の保育及び児童の保護者に対する保育に関する指導を行うことを業とする者をいう。
幼稚園	【学校教育法第24条】 　幼稚園においては、第22条に規定する目的を実現するための教育を行うほか、幼児期の教育に関する各般の問題につき、保護者及び地域住民その他の関係者からの相談に応じ、必要な情報の提供及び助言を行うなど、家庭及び地域における幼児期の教育の支援に努めるものとする。 【学校教育法第27条第10項】 　教諭は、幼児の保育をつかさどる。
地域子育て支援拠点事業	【地域子育て支援拠点事業実施要綱：一般型】 1．事業の内容 　乳幼児及びその保護者が相互の交流を行う場所を開設し、子育てについての相談、情報の提供、助言その他の援助を行う事業。 2．基本事業 　次のア〜エの取組を基本事業としてすべて実施すること。 　　ア．子育て親子の交流の場の提供と交流の促進 　　イ．子育て等に関する相談、援助の実施 　　ウ．地域の子育て関連情報の提供 　　エ．子育て及び子育て支援に関する講習等の実施（月1回以上） 3．従事者 　子育て支援に関して意欲があり、子育てに関する知識・経験を有す者（2名以上）。

育・保育の総合的な提供（認定こども園制度の改編）、②保育の量的拡大・確保（過疎地の資源の確保と再配分、保育所待機児童の解消）、③地域の子ども・子育て支援の充実、を主な目的にしている。

　内閣府では、子ども・子育て支援制度のポイントを、表9に示す、大きく7点示している。本節では、本稿の目的に即した範囲内で子ども・子育て支援制度のポイントを3点だけ紹介しておく。

表9　子ども・子育て支援制度のポイント

1．認定こども園、幼稚園、保育所を通じた共通の給付（「施設型給付」）および小規模保育等への給付（「地域型保育給付」）の創設
2．認定こども園制度の改善（幼保連携型認定こども園の改善等）
3．地域の実情に応じた子ども・子育て支援
4．基礎自治体（市町村）が実施主体
5．社会全体による費用負担
6．政府の推進体制の整備
7．子ども・子育て会議の設置

1．給付の全体像

　子ども・子育て支援制度における給付は、子ども・子育て支援給付、地域子ども・子育て支援事業の大きく2つに分かれる。子ども・子育て支援給付はさらに、児童手当、施設型給付、地域型保育給付の3つに分かれる（図4）。

　施設型給付の対象となるのは、保育所、子ども・子育て支援制度に移行した幼稚園（以下、施設型給付幼稚園）および認定こども園（4類型）である。

　地域型保育給付には、小規模保育（利用定員6人以上19人以下）、家庭的保育（利用定員5人以下）、居宅訪問型保育、事業所内保育（従業員の子どものほか、地域において保育を必要とする子どもにも保育を提供するもの）の4事

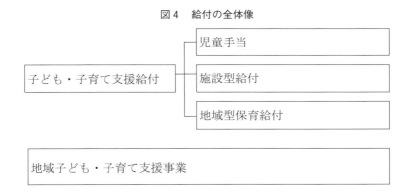

図4　給付の全体像

業が該当する。

地域子ども・子育て支援事業は、利用者支援事業、延長保育事業、実費徴収に係る補足給付を行う事業、多様な主体が本制度に参入することを促進するための事業、放課後児童健全育成事業、子育て短期支援事業、乳児家庭全戸訪問事業、養育支援訪問事業・要保護児童等に対する支援に資する事業、地域子育て支援拠点事業、一時預かり事業、病児保育事業、子育て援助活動支援事業（ファミリーサポートセンター事業）、妊婦健康診査の13事業で構成される。

2．施設型給付と幼保連携型認定こども園

子ども・子育て支援制度を、就学前の子どもがいる家庭の視点でみると、市町村にすべての事業が存在すると仮定すると、図5に示すような非常に多くの選択肢が存在することになる。実際には、このような自治体はきわめて例外的であるが、子どもが多く存在する地域では、かなりの選択肢になると考えられる。

このうち幼保連携型認定こども園がこの制度の最も大きな特徴であり、前節で示した複数の課題に対応するもので、以下のような特徴をもつ。

1）保育、教育、子育て支援が義務づけられた施設

幼保連携型認定こども園は、「義務教育及びその後の教育の基礎を培うものとしての満3歳以上の子どもに対する教育並びに保育を必要とする子どもに対する保育を一体的に行い、これらの子どもの健やかな成長が図られるよう適当な環境を与えて、その心身の発達を助長するとともに、保護者に対する子育ての支援を行うことを目的」（就学前の子どもに関する教育、保育等の総合的な提供の推進に関する法律第2条第7項：認定こども園法）として設置されている。

定義にあるように、この施設は、3歳以上の子どもに対する学校教育、保育を必要とする就学前の子どもの対する保育[4]、子育て支援の3つの機能を果たす。

図5　施設型給付等の全体像

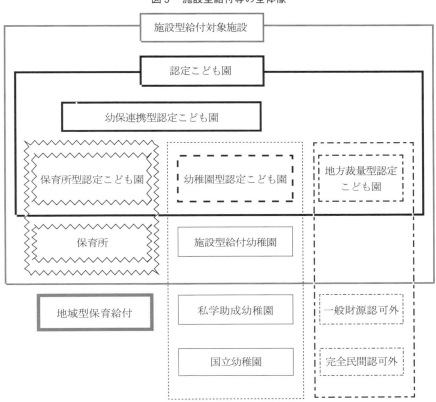

2）児童福祉施設でもある学校

　幼保連携型認定こども園は、児童福祉法第7条第1項で、保育所とは別の施設として規定される。一方、学校としての性格は、認定こども園法第2条第8項と教育基本法第6条第1項を基に与えられる。そこで実施される教育は、幼稚園同様、義務教育とその後の教育の基礎を培うものと位置づけられる。
　ただし、これはあくまでも幼保連携型認定こども園にのみ該当し、保育所型認定こども園や地方裁量型認定こども園は該当しない。幼稚園型認定こども園

は、幼稚園を基盤としているため学校であることに変わりはない。

3）保育所でも幼稚園でもなく、独立した新しい施設

　幼保連携型認定こども園は、認定こども園法に基づく新しい施設として位置づけられ、学校教育法には規定されない。ただし、児童福祉施設としての性格を残すため、児童福祉法には位置づけられる。2014年度までの幼保連携型認定こども園は、保育所でもあり、幼稚園でもあるという二重の性格を有していたが、この点が子ども・子育て支援制度における幼保連携型認定こども園との違いである。

4）幼保連携型認定こども園教育・保育要領に基づいて教育・保育を実施

　保育所が保育所保育指針、幼稚園が幼稚園教育要領に基づいて保育をおこなうように、幼保連携型認定こども園では、幼保連携型認定こども園教育・保育要領に基づいて教育・保育をおこなう。これは、保育所保育指針と幼稚園教育要領をもとに作成されたもので、3歳以上の教育部分については、保育所保育指針で用いていた「保育」という用語に埋め込まれていた「教育」要素をクローズアップしたという形式をとっている。全体の構成や記述の形式は少し変わったが、「保育」や「教育」の内容が大きく変わったわけではない。また、従来通り、実践上の柔軟性は保障されている。

5）職員は保育教諭

　職員は保育教諭となるが、独立した免許が存在するわけではなく、保育士と幼稚園教諭の両方の資格・免許をもつことを原則とする。一方しか有しないものについては、5年間の経過措置が設けられ、勤務可能とされている。資格・免許の取得に際しても、5年間で8単位（4科目）の履修をもって付与される。試験制度の道や、施設や個人に対する受講支援策も講じられている。なお、保育教諭は教育職員免許法にも規定され、その結果、免許状更新制度（10年ごとに30時間以上の免許更新講習を受講）が課せられることになる。

第Ⅰ章　子ども・子育て支援制度の論点と評価

3．保育の必要性の認定

　保育所の利用は「保育に欠ける」という要件を満たすことが前提であった。子ども・子育て支援制度では「保育の必要性」という用語に変わったが、引き続き市町村による認定が必要である。ただし、従来の制度と異なり、認定は、保育標準時間と保育短時間という2段階でおこなわれる（図6）。もう一点異なるのは、認定の必要はないが、教育標準時間という利用枠が新たに設定される。

　保育標準時間認定は、月120時間程度の利用が必要な家庭で1日11時間程度の利用が保障される。保育短時間認定は月48〜64時間程度の利用が必要な家庭で1日8時間程度の利用が保障される。時間帯は特に設定されていないが、施設側が保育時間を設定するので、設定時間枠に入らなければ従前通り延長保育となる。教育標準時間は3歳以上のすべての子ども[5]に利用が認められる。

　認定こども園では、これら3つの利用形態、保育所および地域型保育では保育短時間利用および保育標準時間利用、幼稚園では教育標準時間利用を原則とする。保育所における延長保育および幼稚園における預かり保育（この制度では一時預かり事業となる）は引き続き制度化されている。

図6　保育の必要性の認定

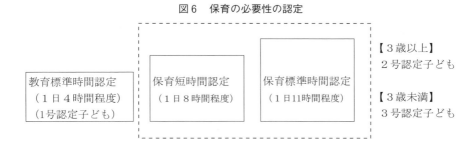

第4節　子ども・子育て支援制度の評価

　2015年4月、子ども・子育て支援制度は、本格実施となった。まだ始まったばかりであり、現場の動きは必ずしも敏感ではないが、少なくとも制度設計の基本はできあがった。最後に、筆者が掲げた5つの課題と制度設計との関係は、どのように評価できるのか、この点について、順に簡単に検討しておく。

1. 就学前の子どもの育つ場の確保

　これは、子ども過疎地の資源確保という意味合いの課題である。幼稚園が利用できない地域の拡大が予想されるなかで、育ちの場の確保は、保育所を中心とした対応となる。すなわち、保育所が幼保連携型認定こども園に移行すると、少なくとも子ども過疎地においても子どもの育ちの場を残すことが可能となる。さらに子どもが減少した地域では、小規模保育事業や家庭的保育という公的な保育制度が実現した。この点では、子ども・子育て支援制度は評価できる。ただし、開始時点では地方の保育所の動きが必ずしも活発でなく、保育関係者の理解が求められる。

　さらに、このような地域では、教育標準時間後に帰宅しても、地域に同年代の子どもはほとんどいないと考えられる。子どもの育ちという視点からは、教育標準時間終了後も、引き続き子どもが仲間と育ち合うことのできる環境を整えるためには、国制度において、少なくとも、地域子ども・子育て支援事業枠での支出、あるいは市町村が一般財源から積極的に予算を確保して、子どもの育ちを保障することが必要である。

2. 待機児童の解消

　待機児童の解消は、社会的にはもっとも期待が高かったものである。新しい制度では、保育所型認定こども園以外の認定こども園、および地域型保育事業とりわけ小規模保育事業の設置を積極的に図ることで、待機児童は減少する可

能性がある。幼稚園が3歳以上のみで認定こども園を作ることは、この観点からは無意味であり、幼稚園が3歳未満枠を設定して認定こども園に参入するための、参入障壁の緩和、あるいは積極的誘導策が求められる。また、保育所や幼保連携型認定こども園設置の障壁となっている、保育士不足、保育士の労働環境の改善、さらには、保育所と地域社会・地域住民との共存への具体的支援策も避けて通ることはできない。

　一方、待機児童のいない地域で、この間、これを解消するため、職員配置（常勤換算化を含む）、職員の資格要件、面積基準などを緩和した自治体や、少し無理をした定員増をしたような施設においては、できるだけ本来の姿に戻し、良質な子どもの育ちの環境を回復するように努める必要がある。加えて、利用をあきらめたり、希望以外の施設への入所が叶ったために、待機児童のカウントから外れた人などへの配慮も必要である。

　一点、新たな課題となるのは、保育の必要性の認定要件が比較的緩やかであるため、子育て家庭がこの制度への理解が進むと、さらに待機児童は増加する可能性があるという点である。

3．就学前教育の対等性の確保

　幼保連携型認定こども園は教育基本法に基づく教育を提供する学校となり、学校教育が保障されることとなった。この点は評価できるが、一方で、保育所や保育所型認定こども園においては、学校教育としての教育あるいは「義務教育の基礎を培う」という位置付けの教育は提供できず、引き続き、保育所保育指針において「養護と教育の一体的提供としての保育」という、保育のなかに埋め込まれた教育を提供するという状況のままである。別の見方をすると、教育基本法に基づく教育（幼保連携型認定こども園）、学校教育法に基づく教育（幼稚園、幼稚園型認定こども園）、保育のなかに埋め込まれた教育（保育所、保育所型認定こども園）、の3つが今後は存在するということでもあり、制度上対等な状況が確保できたとはいえない。

　また、幼稚園においては、もともと学校教育としての教育と、「教育課程に

係る教育時間の終了後等に希望する者を対象に行う教育活動」（いわゆる預かり保育）という２つの教育が存在していた。幼保連携型認定こども園教育・保育要領は、幼稚園教育要領の概念を多用しているため、３歳以上の教育標準時間以降の活動を、幼稚園由来の事業者は「教育課程に係る教育時間の終了後等に希望する者を対象に行う教育」、保育所由来の事業者は「養護と教育の一体的提供としての保育」としてとらえる傾向がある。さらに、３歳未満児と３歳以上児の教育の連続性についても、十分な合意が形成されていない状況にある。

４．幼保連携型認定こども園の推進

　既述のように、幼保一体化あるいは一元化は、関係者の一部にとっては長年の懸案であった。国会上程時の法案からは後退したとはいうものの、幼保連携型認定こども園が、その象徴として実現し、さらに、今後の方向として明言されたことについては意義がある。

　子ども・子育て支援制度本格実施となった2015年４月の設置数は、ようやく当初目標の2,000施設を超えたが（表10）、その推進は自治体間でかなり差がある。幼保連携型認定こども園はそのうち７割弱にとどまっている。また、2014年度までは、私立幼稚園中心の動きであったが、2015年には社会福祉法人の動きが一気に加速した。これによって、就学前の学校教育の量的中心が幼稚園から幼保連携型認定こども園に移行した自治体も増えつつある。しかも、その中身は元保育所ということである。

　子どもの育ちにとって教育は重要であり、かつ、子どもの貧困の予防に有効

表10　認定こども園の設置状況

	幼保連携型			幼稚園型			保育所型			地方裁量型			計		
	公	民	計	公	民	計	公	民	計	公	民	計	公	民	計
2014	155	564	720	11	400	411	84	105	189	1	39	40	252	1,108	1,360
2015	347	1,584	1,931	20	504	524	161	167	328	1	52	53	554	2,282	2,836
2016	451	2,334	2,785	35	647	682	215	259	474	2	58	60	703	3,298	4,001

であるということが国際的にも明らかになってきている。幼保連携型認定こども園はこれに貢献できるものであり、移行した保育所関係者の責任は重い。

憲法第89条では、「公金その他の公の財産は、宗教上の組織若しくは団体の使用、便益若しくは維持のため、又は公の支配に属しない慈善、教育若しくは博愛の事業に対し、これを支出し、又はその利用に供してはならない」としている。たとえ私学助成といえども、公的資金であることを、学校法人関係者は忘れてはならない。

この点からして、私立幼稚園関係者からの議論において、残念ながら、応諾義務の不履行条件、保育料の上乗せ徴収など、事実上の利用者排除の議論もみられる。これは、低所得者層を含めた、エクスクルーシブ教育議論にさえ映ってしまい、教育関係者の議論としては極めて遺憾である。少なくとも施設型給付対象施設になった事業者には、いかにインクルーシブな保育・教育にするかという視点での議論を望みたいものである。

ましてや、就学前の学校教育は、施設数で6割強、子ども数で8割強が私立幼稚園で提供されており、義務教育とは全く異なる事情にある（表11）。私立幼稚園は民間ではあるが、公教育であるという自覚が強く求められる。

ましてや、国立大学附属幼稚園関係者は、まず、国立であることの意味を問い直すべきである。地方の事情を含めて考えると、その意味は、もはや幼稚園

表11　設置主体別学校の割合

	国立		公立		私立		計	
	施設	子ども	施設	子ども	施設	子ども	施設数	子ども数
幼稚園	0.4	0.4	36.5	17.0	63.1	82.7	100.0(12,905)	100.0(1,557,461)
小学校	0.4	0.6	98.6	98.2	1.1	1.2	100.0(20,852)	100.0(6,600,006)
中学校	0.7	0.9	92.0	92.1	7.4	7.0	100.0(10,557)	100.0(3,504,334)
高等学校	0.4	0.4	73.0	68.5	26.7	31.1	100.0(5,014)	100.0(3,365,508)
短大・大学	7.6	20.5	9.8	5.2	82.7	74.3	100.0(1,133)	100.0(2,992,063)

＊高等学校には中等学校、短大・大学には、大学院を含む。
資料：文部科学省（2014）、平成26年度学校基本調査。

としてのあり方をストイックに追求することではなく、日本の将来に応えることであり、保育現場の今後の課題に実践的に答えを出すことである。貧困の世代間連鎖の裁ち切り教育が大きな意味を持つという世界的認識のなかで、国立大学附属幼稚園関係者は、明治期、先駆的に簡易幼稚園を作ったという歴史を踏まえ、特定階層への貢献ではなく、すべての子どもたちへの貢献に立ち返る必要がある。

認定こども園への移行が進んでいる兵庫県や大阪府堺市では、自治体の固有の移行支援制度も存在している。これを地方自治体の努力にのみ期せず、国としての取り組みに拡大していくことも、移行を促進する推進力になる。

5．子育て支援の推進と明確化

子ども・子育て支援制度における子育て支援は、従来の保育所における努力義務、幼稚園における努力目標、地域子育て支援拠点事業による実施義務に加え、幼保連携型認定こども園における実施義務、地域子ども・子育て支援事業の枠組みの中での利用者支援事業など、事業の種類としてはかなり充実した。また、より専門性を高めるため、子育て支援員の配置や研修の実施など、質を高めるための努力もみられる。

とりわけ、利用者支援事業は、地域のすべての子どもとその保護者の支援を図る事業として期待が高い。しかしながら、この事業もまた、「子ども及びその保護者が、確実に子ども・子育て支援給付を受け、及び地域子ども・子育て支援事業その他の子ども・子育て支援を円滑に利用できるよう、子ども及びその保護者の身近な場所において、地域の子ども・子育て支援に関する各般の問題につき、子ども又は子どもの保護者からの相談に応じ、必要な情報の提供及び助言を行うとともに、関係機関との連絡調整その他の内閣府令で定める便宜の提供を総合的に行う事業」（子ども・子育て支援法第59条第1項第1号）と、相談、助言、情報提供を主たる業務内容とするものとなったため、子育て支援の専門性や業務分担がさらに複雑となった。

施設型給付にかかる予算面では、実施が義務づけられている幼保連携型認定

こども園も、「努力」とされる幼稚園や保育所も、主任あるいは主幹職員に対する「子育て支援活動費」という加算で対応されているため、「義務」の意味合いが薄まってしまっている。また、もともと「主任あるいは主幹職員」の業務内容が十分に示されていないこともあって、加算を受けない施設における子育て支援のあり方も不明確である。

おわりに

　子ども・子育て支援制度に関する国民一般の関心は必ずしも高いとはいえないというのが実感である。マスコミの報道が、待機児童対策や幼保一体化中心におこなわれていることがその主たる要因で、子育て家庭の問題としてとらえられがちである。消費税とのリンクが語られると、時には保護者責任を強調する否定的な意見さえ散見されることがある。

　関係する事業者の関心はさらに狭い場合が多く、個々の関わる制度がどのようになっているか、とりわけ予算面への関心が高い。あるいは、制度自体への懐疑的視点もある。

　守るべきは、保育所や幼稚園の歴史ではない。未来を生きる子どもたちの生活と社会である。日本の少子化は、今それほどの危機となっていることを、国民全体が意識する必要がある。これは、新時代の子育ての社会化であると信じている。2015年秋、安倍首相の肝いりで発足した一億総活躍国民会議の掲げるスローガンである一億総活躍社会は、子ども・子育て支援制度と深く関係していることを、政治家、事業者、行政、国民は十分理解する必要がある。

注
1）消滅可能性市町村とは、その時点で消滅しているという意味ではなく、40歳未満の女性の数が、研究会の定めた基準値を下回ることによって、いずれ消えていく可能性が高いという意味である。提言では、福島県（市町村数59）を除いている。また、政令指定都市の区を一自治体と数えている。ちなみに、全国の政令指定都市20にある区175のうち、5市10区も消滅可能性市町村に含まれている。

2）「養護と教育の一体的提供」という考え方は、文部省・厚生省連名による通知「幼稚園と保育所との関係について」(1963) において示され、保育所保育指針の制定当時 (1965) から記述されている。
3）過疎地は地方のみならず、昼間人口でみた都市の中心部にも存在する。前者は人口減少、少子化、高齢化が同時進行しやすいが、後者においては、まず少子化が先行するということを意識して、筆者が固有に使っている用語。すなわち、後者においても子ども資源は早めに整理される可能性がある。幼稚園を含む学校はその典型。保育所はこれよりはやや遅れる傾向にある。
4）保育所における保育と同等であるため、ここでいう保育は養護と教育を一体的に提供していることになる。
5）3歳になった翌月から3月31日までは、受け入れ施設が存在する場合に利用が認められ、すべての子どもが利用できるのは4月1日からとなる。したがって、2年保育しかない地域では、教育標準時間においても待機児童が発生することとなる。

参考文献・参考資料
厚生労働省（2015）、保育所等関連状況取りまとめ（平成27年4月1日）、http://www.mhlw.go.jp/file/04-Houdouhappyou-11907000-Koyoukintoujidoukateikyoku-Hoikuka/0000098603.pdf、2016年3月31日閲覧。
倉橋惣三（1954）、子供讃歌、坂元彦太郎・及川ふみ・津守真編（1965）、倉橋惣三選集第1巻（第16版1978）、フレーベル館所収。
はてな匿名ダイアリー（2016）、保育園落ちた日本死ね!!!、http://anond.hatelabo.jp/20160215171759、2016年2月15日閲覧。
文部科学省（2014）、平成26年度学校基本調査、http://www.mext.go.jp/component/b_menu/other/__icsFiles/afieldfile/2014/12/19/1354124_1_1.pdf、2016年3月31日閲覧。
内閣府（2016）、子ども・子育て関連3法の主なポイント、http://www8.cao.go.jp/shoushi/shinseido/outline/、2016年3月31日閲覧。
日本創世会議・人口減少問題検討分科会（2014）、ストップ少子化・地方元気戦略、http://www.policycouncil.jp/pdf/prop03/prop03.pdf、2016年3月31日閲覧。
社会保障・人口問題研究所（2012）、日本の将来推計人口、http://www.ipss.go.jp/syoushika/tohkei/newest04/sH2401s.html、2016年3月31日閲覧。
総務省（2015）、都道府県別市町村数の変遷、http://www.soumu.go.jp/kouiki/kouiki.html、2016年3月15日閲覧。
中央社会事業協会、第一回全国児童保護事業大会報告書（1926年開催）、中央社会事業協会。
山縣文治（2013）、保育制度改革の展望、地方議会人第44巻7号。
山縣文治（2014）、今後の就学前保育・教育のあり方を展望する、保育年報。

第Ⅱ章　被保護世帯の高校在学年齢者の生活実態

（岡田忠克）

はじめに

　「格差社会」という言葉を耳にすることが多くなっている。規制緩和による派遣労働の拡大とそれに伴う就労状況の違いからくる賃金や生活の格差を背景としている。この格差については、実は社会では評価が分かれている。「別に仕方がないよ」「悔しかったらがんばればよい」「がんばった人ががんばった分、報酬を得るのは当然である」等の意見について理解できなくはない。しかしである、本当に格差を認めて良いのだろうか。この格差が、人間の生活の格差、もっといえば命や生き方の格差につながっているとすれば、それは問題ではないだろうか。そして、親の就労状況に生活の多くを依存している学齢期の子ども達にとって、世帯の経済状況によって十分な教育や生活環境や機会が与えられないとすれば、これは大きな問題である。

　被保護世帯の子どもたちの生活実態である「子どもの貧困」の問題は深刻である。保護者の経済的要因や子どもの成長や生活に必要なものが不足している状況が影響し、将来の教育や就職等の生活上のチャンスが奪われ、その後の人生にも大きな影響を与えることが指摘されている。この「格差」がいま、子どものさまざまな格差を引き起こしている。親の就労環境が不安定になる中で、子ども達はなすすべがない。ひとたび失業してしまえば、経済的に追い込まれてしまう。一時マスメディアを騒がせた「無保険の子どもたち」。親が国民健康保険料が払えず保険証を使えないため、病院に行けない子ども達の実態が浮き彫りにされた。また、低所得のため家庭でも十分な栄養をとることができず、

学校給食が主な栄養源となっている状況もあり子どもの成長に深刻な影を落としている。貧困が子どもの将来を奪い、また、健康をむしばみ、回復のための手段を奪っている。被保護世帯の子どもたちの状況はさらに厳しい状況にある。このような格差が認められてよいのだろうか。自己責任として仕方がない、とあきらめるしかないのだろうか。いや、決して許されるはずがない。そのような社会が、すべての人にとって幸せや豊かさをもたらし、子どもが夢や希望が持てる機会を与えることはない。この問題を子どもを持つ親の問題として固定化するのではなく、社会全体が解決すべきものとして考え、子どもの貧困がさまざまな格差を引き起こしている状況を正確に捉え、貧困是正のアプローチを早急に政策課題としていかなければならない。現在国では、2013年6月に制定された「子どもの貧困対策の推進に関する法律」が、2014年1月より施行されている。同法にもとづき、内閣総理大臣を会長とする「子どもの貧困対策会議」が開催され、「子供の貧困対策に関する大綱」が作成されている。

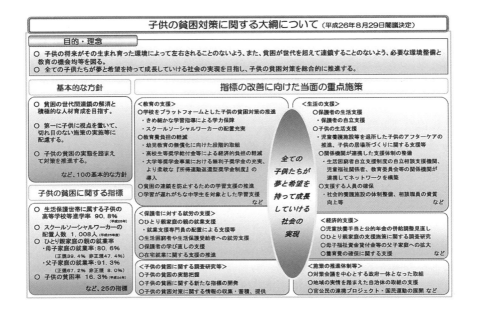

第Ⅱ章　被保護世帯の高校在学年齢者の生活実態

第1節　研究の目的

　A市の生活困難世帯における高校進学率と、一般世帯における進学率との差は年々縮小傾向にある。しかし一方で、文部科学省の調査において、大阪府の高校生が最も高い水準で不登校や中途退学に至っているという結果が出ている。このため、高校進学後に不登校、中途退学となったのち、ニートや無支援の状態に陥ってしまう若者が多数存在すると予想されているが、正確な状況の把握はされていない。また、中途退学後、無支援やニート等の状態になってからの対応では、生活面、就労支援等の効果的な支援が難しくなる状態が現実的に起きている。

　本研究では、高等学校在学年が抱える就学上の諸問題についての一般的な傾向の分析を進めるとともに、一般世帯と就学困難世帯における問題傾向の差やそれぞれの特色について、社会環境や種々の生活不安、社会福祉といった総合的な視点から分析することを目的としている。高校在学生が中途退学や不登校にならないための予防支援や既に不登校状態となっている学生が中途退学に至らないように登校復帰に向けた支援、さらには中途退学に至ってしまった者が社会参加につながるような支援を検討していくための状況を把握することが重要と考えている。本研究では、以下の2つのアプローチによる調査を行った。

　まずは、①A市における被保護世帯の高校在学年齢者等の生活実態調査を実施した。被保護世帯における高校在学年齢者の不登校・中途退学等の生活実態を把握するため、各保健福祉総合センターと協働の上、対象となる者がいる被保護世帯へのアンケート調査を実施した。つぎに、②高校生・専門学校生の貧困・就学状況に関する調査を実施した。一般的な高校生・専門学校生の就学実態と貧困状況を把握するために、高等学校および専門学校へのアンケート調査を実施した。

　調査の方法については、以下の通りである。①A市における被保護世帯の高校在学年齢者等の生活実態調査については、各保健福祉総合センターのケース

ワーカーが、対象となる被保護世帯の家庭へ赴き、アンケート調査及びヒアリング調査を実施した。②高校生・専門学校生の貧困・就学状況に関する学校調査については、大阪府内の国公私立の高等学校と専門学校を対象（480カ所）とし、学校の代表者、事務担当者の方から回答いただける教員もしくは事務職員から1名選出してもらい返送してもらう、自計式郵送調査を行った。回収率は、高校生・専門学校生の就学状況に関する調査において発送した調査票の数は480で、有効回答表数は183、回収率は38.1%であった。

第2節　被保護世帯の生活状況

1．保護者の状況と世帯状況について

1）保護者（世帯主）の学歴

保護者（世帯主）の学歴は、「高等学校（全日制）卒業」が45.3%で最も多く、次いで「中学校卒業」21.7%、「高等学校（全日制）中途退学」11.0%であった。

	度数	%
中学校卒業	156	21.7
高等学校（全日制）卒業	326	45.3
高等学校（定時・単位・通信制）卒業	26	3.6
大学・短期大学卒業	36	5.0
専門学校卒業	45	6.3
高等学校（全日制）中途退学	79	11.0
高等学校（定時・単位・通信制）中途退学	19	2.6
専門学校中途退学	11	1.5
大学・短期大学中途退学	10	1.4
その他	12	1.7
合　計	720	100.0

2）家族類型

家族類型は、「母子」が77.1％で最も多く、次いで「その他」13.6％、「傷病」6.4％であった。既存の調査と同様、母子世帯の貧困実態をうかがい知ることができる。

	度数	％
高齢	6	0.8
母子	555	77.1
傷病	46	6.4
障害	15	2.1
その他	98	13.6
合計	720	100.0

3）保護者（世帯主）の職歴

保護者（世帯主）の職歴は、「働いていない」が58.9％、「働いている」が41.1％であった。現在の経済状況が影響していることは間違いない。

	働いている	働いていない	合　計
全　　体	296 41.1％	424 58.9％	720 100.0％

4）雇用形態

「働いている」と回答した人に雇用形態を尋ねた。雇用形態は、「アルバイト」が65.5％で最も多く、次いで「その他」16.6％、「契約社員」9.8％、「正社員」4.7％であった。やはり、非正規雇用の現状がかいまみれる。

	正社員	アルバイト	派遣社員	契約社員	日雇い	その他	合　計
中学校卒業	1 1.9％	28 51.9％	1 1.9％	7 13.0％	3 5.6％	14 25.9％	54 100.0％
高等学校（全日制）卒業	10 6.7％	102 68.5％	2 1.3％	16 10.7％	0 0.0％	19 12.8％	149 100.0％

高等学校（定時・単位・通信制）卒業	1 6.7%	12 80.0%	1 6.7%	0 0.0%	0 0.0%	1 6.7%	15 100.0%
大学・短期大学卒業	1 5.0%	10 50.0%	2 10.0%	1 5.0%	1 5.0%	5 25.0%	20 100.0%
専門学校卒業	0 0.0%	11 68.8%	0 0.0%	1 6.2%	0 0.0%	4 25.0%	16 100.0%
高等学校（全日制）中途退学	1 3.1%	23 71.9%	0 0.0%	3 9.4%	0 0.0%	5 15.6%	32 100.0%
高等学校（定時・単位・通信制）中途退学	0 0.0%	4 80.0%	0 0.0%	1 20.0%	0 0.0%	0 0.0%	5 100.0%
専門学校中途退学	0 0.0%	3 75.0%	0 0.0%	0 0.0%	0 0.0%	1 25.0%	4 100.0%
大学・短期大学中途退学	0 0.0%	1 100.0%	0 0.0%	0 0.0%	0 0.0%	0 0.0%	1 100.0%
その他	0 0.0%	0 0.0%	0 0.0%	0 0.0%	0 0.0%	0 0.0%	0 0.0%
全体	14 4.7%	194 65.5%	6 2.0%	29 9.8%	4 1.4%	49 16.6%	296 100.0%

5）働いていない理由

「働いていない」と回答した人に理由を尋ねたところ、働いていない理由は、「病気」が72.9％で最も多く、次いで「その他」14.4％、「自己都合」5.9％であった。学歴別でも「病気」が最も高い理由となっている。

	会社の倒産・事業の失敗	リストラ	病気	自己都合	働いたことがない	その他	無回答	合計
全体	6 1.4%	10 2.4%	309 72.9%	25 5.9%	4 0.9%	61 14.4%	9 2.1%	424 100.0%

6）保護の受給経験

現在の保護給付より以前の保護の受給経験は、「受給していたことがある」が30.7％、「受給したことはない」が69.3％であった。また、学歴別では、「高

等学校(定時・単位・通信制)中途退学」42.1%、「中学校卒業」42.3%と「大学・短期大学卒業」では、25ポイント以上の差が見られた。

	受給していたことがある	受給したことはない	合　計
中学校卒業	66 42.3%	90 57.7%	156 100.0%
高等学校(全日制)卒業	85 26.1%	241 73.9%	326 100.0%
高等学校(定時・単位・通信制)卒業	7 26.9%	19 73.1%	26 100.0%
大学・短期大学卒業	6 16.7%	30 83.3%	36 100.0%
専門学校卒業	9 20.0%	36 80.0%	45 100.0%
高等学校(全日制)中途退学	26 32.9%	53 67.1%	79 100.0%
高等学校(定時・単位・通信制)中途退学	8 42.1%	11 57.9%	19 100.0%
専門学校中途退学	3 27.3%	8 72.7%	11 100.0%
大学・短期大学中途退学	3 30.0%	7 70.0%	10 100.0%
その他	8 66.7%	4 33.3%	12 100.0%
全　体	221 30.7%	499 69.3%	720 100.0%

7)これまでの保護の受給(決定)回数

「受給していたことがある」と回答した人にこれまでの保護の受給(決定)回数を尋ねた。これまでの保護の受給(決定)回数は、「1回」が35.3%で最も多く、次いで「2回」29.9%、「3回」19.5%、「4回」7.7%であった。

第Ⅰ部　子どもと家族

	度数	%
1回	78	35.3
2回	66	29.9
3回	43	19.5
4回	17	7.7
5回	3	1.4
無回答	14	6.3
合計	221	100.0

8）子どもの頃の保護経験

　「受給していたことがある」と回答した人に子どもの頃の保護経験を尋ねた。子どもの頃の保護経験は、「受給したことはない」が71.0％、「わからない」が12.7％、「受給していたことがある」が10.0％であった。現在、課題となっている「子どもの貧困の連鎖」の状況が、データからも読みとれる結果となっている。

	受給していたことがある	受給したことはない	わからない	無回答	合　計
全体	22 10.0%	157 71.0%	28 12.7%	14 6.3%	221 100.0%

9）現在の健康状態

　保護者（世帯主）現在の健康状態は、「病気もしくは障害がある」が65.8％、「健康である」が30.7％であった。先に回答にあった「働いていない理由」において、「病気」が最も多かったこととあわせて考えると、「病気」が生活全体、貧困に与える影響はかなり大きいといえる。

	健康である	病気もしくは障害がある	現在、病気ではないが、病気がちである	合　計
全体	221 30.7%	474 65.8%	25 3.5%	720 100.0%

10) 子どもの教育について

　毎月の教育（習い事）にかかる費用は、「０円」が42.6％で最も多く、次いで「１万円台」17.8％、「１万円未満」16.9％、「２万円台」8.6％であった。

　授業料以外の学校への負担についてたずねたところ、「１万円未満」が31.7％で最も多く、次いで「０円」26.3％、「１万円台」23.5％、「２万円台」5.8％であった。

①毎月の教育（習い事）にかかる費用

	度数	％
０円	307	42.6
１万円未満	122	16.9
１万円台	128	17.8
２万円台	62	8.6
３万円台	37	5.1
４万円台	14	1.9
５万円以上	23	3.2
無回答	27	3.8
合　計	720	100.0

②授業料以外の学校への負担

	度数	％
０円	189	26.3
１万円未満	228	31.7
１万円台	169	23.5
２万円台	42	5.8
３万円台	24	3.3
４万円台	1	0.1
５万円以上	11	1.5
無回答	56	7.8
合　計	720	100.0

11) 保護者（世帯主）の習い事の経験

　保護者（世帯主）の習い事の経験は、「経験がある」が69.7％（502）、「経験がない」が29.7％（214）であった。保護者の学歴別では「大学・短期大学卒業」が83.3％「専門学校卒業」が80.0％で「経験がある」が高くなっている。

①習い事の経験がない理由（複数回答）

　習い事の「経験が無い」と回答した人に理由を尋ねた。習い事の経験がない理由は、「経済的に難しかった」が50.0％で最も多く、次いで「習い事に関心が無かった」34.7％、「その他」13.4％であった。

第Ⅰ部　子どもと家族

	経済的に難しかった	教育方針・家族の意向	習い事に関心が無かった	地域に適当な習い事がなかった	働いていた（アルバイト含む）	その他
全体	101 50.0%	8 4.0%	70 34.7%	16 7.9%	9 4.5%	27 13.4%

②子どもの習い事

　子どもの習い事は、「習わせていない」が45.7％で最も多く、次いで「以前、習わせていた」43.6％、「現在、習わせている」10.1％であった。

	現在、習わせている	習わせていない	以前、習わせていた	無回答	合　計
全体	73 10.1%	329 45.7%	314 43.6%	4 0.6%	720 100.0%

③子どもの習い事をさせていない理由

　「習わせていない」、「以前、習わせていた」と回答した人に習わせていない、辞めた理由について尋ねたところ、子どもの習い事をさせていない理由は、「経済的に難しい」が43.5％で最も多く、次いで「子どもが習い事に関心が無い」30.2％、「その他」19.6％であった。

	経済的に難しい	教育方針・保護者の意向	子どもが習い事に関心が無い	地域に適当な習い事がない	時間があれば働いてほしい	その他	無回答	合計
全体	280 43.5%	29 4.5%	194 30.2%	6 0.9%	3 0.5%	126 19.6%	5 0.8%	643 100.0%

12）Ａ市の学習支援施策の利用

　Ａ市の学習支援施策の利用は、「利用したい」が74.7％、「利用しない」が24.2％であった。保護者の学歴別ともに大きな差は見られず、「利用したい」が高くなっている。

第Ⅱ章　被保護世帯の高校在学年齢者の生活実態

	利用したい	利用しない	無回答	合　計
全　体	538 74.7%	174 24.2%	8 1.1%	720 100.0%

①希望する習い事の内容（複数回答）

　「利用したい」と回答した人に希望する習い事の内容を尋ねた。希望する習い事の内容は、「学習塾・補習」が69.7％で最も多く、次いで「資格取得」47.2％、「運動関係（水泳・体操・武道等）」28.8％、「文化系（絵画・書道等）」13.4％であった。

	学習塾	文化系（絵画・書道等）	資格取得	運動関係（水泳・体操・武道等）
全体	375 69.7%	72 13.4%	254 47.2%	155 28.8%

②利用にあたって最も気にすること

　「学習塾・補習」と回答した人に利用にあたって最も気にすることを尋ねた。利用にあたって最も気にすることは、「費用」が84.5％で最も多く、次いで「実施場所（交通の便等）」5.1％、「内容」4.8％であった。

	費用	実施場所(交通の便等)	実施頻度・時間	内　容	その他	無回答	合　計
全体	317 84.5%	19 5.1%	10 2.7%	18 4.8%	6 1.6%	5 1.3%	375 100.0%

③利用しない理由

　「利用しない」と回答した人に理由を尋ねた。利用しない理由は、「子どもが習い事に関心が無い」が47.7％で最も多く、次いで「その他」21.8％、「経済的に難しい」15.5％、「教育方針・保護者の意向」12.6％、「時間があれば働いて欲しい」2.3％であった。

第Ⅰ部　子どもと家族

	経済的に難しい	教育方針・保護者の意向	子どもが習い事に関心が無い	時間があれば働いてほしい	その他	合　計
全体	27 15.5%	22 12.6%	83 47.7%	4 2.3%	38 21.8%	174 100.0%

2．子どもの現在の在学状況等

　保護者に対して行った質問を、子どもたちにもたずねたところ、次のような結果が得られた。

1）A市の学習支援施策の利用

　A市の学習支援施策の利用は、「利用したい」が50.8%、「利用しない」が48.9%であった。

	利用したい	利用しない	無回答	合　計
全　体	168 50.8%	162 48.9%	1 0.3%	331 100.0%

①希望する習い事の種類（複数回答）

　「利用したい」と回答した人に希望する習い事の種類を尋ねた。希望する習い事の種類は、「資格取得」が57.7%で最も多く、次いで「学習塾・補習」39.3%、「運動関係（水泳・体操・武道等）」23.2%、「文化系（絵画・書道等）」11.9%であった。

	学習塾	文化系（絵画・書道等）	資格取得	運動関係（水泳・体操・武道等）	その他
全体	96 39.3%	20 11.9%	97 57.7%	39 23.2%	7 4.2%

②利用にあたって最も気にすること

　「学習塾・補習」と回答した人に利用にあたって最も気にすることを尋ねた。

利用にあたって最も気にすることは、「費用」が66.7％で最も多く、次いで「内容」14.6％、「実施場所（交通の便等）」12.5％、であった。

	費　用	実施場所(交通の便等)	実施頻度・時間	内　容	その他	無回答	合　計
全体	64 66.7%	12 12.5%	4 4.2%	14 14.6%	0 0.0%	2 2.1%	96 100.0%

③利用しない理由

「利用しない」と回答した人に理由を尋ねた。利用しない理由は、「関心が無い」が71.0％で最も多く、次いで「時間があれば働きたい」11.7％、「経済的に難しい」、「その他」がともに8.6％であった。

	経済的に難しい	教育方針・保護者の意向	習い事に関心が無い	時間があれば働いてほしい	その他	合　計
全体	14 8.6%	0 0.0%	115 71.0%	19 11.7%	14 8.6%	162 100.0%

２）職業に就くにあたって重視すること（複数回答）

職業に就くにあたって重視することは、「収入が安定している」が57.1％で最も多く、次いで「自分の性格に合っている」51.1％、「自分の希望に合っている」42.9％、「長期的に働ける」30.8％であった。

	収入が安定している	休日がある	自分の性格に合っている	自分の希望に合っている	正規雇用である	家に近い	家族が賛成している	長期的に働けるか	規模が大きい、有名である	その他
全体	189 57.1%	99 29.9%	169 51.1%	142 42.9%	82 24.8%	71 21.5%	57 17.2%	102 30.8%	20 6.0%	12 3.6%

３）職業支援について希望すること（複数回答）

職業支援について希望することは、「学校での職場体験の充実」が27.0％で最も多く、次いで「学校での授業の充実」24.5％、「学校の就職に関する掲示・進路指導室の資料の充実」21.5％、「アルバイトをしやすくする環境（収

入認定、学校での配慮)」18.5%であった。

	学校での職業に関する授業の充実	学校での就職の掲示・進路指導	学校での職場見学	学校での職場体験	学校での就職相談できる人	地域で就職相談できる人	地域での職場体験	地域での職場見学	ハローワーク	テレビ・雑誌・新聞・図書	アルバイトしやすい環境	その他
全体	81 24.5%	71 21.5%	51 15.5%	89 27.0%	57 17.3%	26 7.9%	31 9.4%	23 7.0%	34 10.3%	31 9.4%	61 18.5%	62 18.8%

4) 取得したい資格（複数回答）

取得したい資格は、「特にない」が26.3%で最も多く、次いで「商業・事務系（ワープロ・パソコン）」22.1%、「医療・介護・福祉系」20.2%であった。

	商業・事務系（ワープロ・パソコン）	建設技術系（情報処理技術）	医療・介護・福祉系	語学系（英検等）	保育士・教員免許	特にない	その他
全体	73 22.1%	43 13.0%	67 20.2%	54 16.3%	58 17.5%	87 26.3%	62 18.7%

5) A市の職業支援施策の利用

A市の職業支援施策の利用は、「利用したい」が63.1%、「利用しない」が36.6%であった。

	利用したい	利用しない	無回答	合　計
全　体	209 63.1%	121 36.6%	1 0.3%	331 100.0%

①希望する支援（複数回答）

「利用したい」と回答した人に希望する支援を尋ねた。希望する支援は、「資格取得」が64.1%で最も多く、次いで「職場体験」48.8%、「職場見学」30.6%、「就職情報」、「就職相談」がともに27.8%であった。

	職場見学	職場体験	資格取得	就職情報	就職相談	生活全般に関する相談	いつでも集える居場所	その他
全体	64 30.6%	102 48.8%	134 64.1%	58 27.8%	58 27.8%	23 11.0%	15 7.2%	2 1.0%

②利用にあたって最も気にすること

「利用したい」と回答した人に利用にあたって最も気にすることを尋ねた。利用にあたって最も気にすることは、「費用」が62.2％で最も多く、次いで「内容」20.1％、「実施場所（交通の便等）」9.6％、「実施頻度・時間」7.7％であった。

	費　用	実施場所（交通の便等）	実施頻度・時間	内　容	無回答	合　計
全体	130 62.2%	20 9.6%	16 7.7%	42 20.1%	1 0.5%	209 100.0%

③利用しない理由

「利用しない」と回答した人に理由を尋ねた。利用しない理由は、「関心が無い」が64.5％で最も多く、次いで「進学を考えている」11.6％、「その他」9.9％、「学校が忙しい」9.1％であった。

	学校が忙しい	アルバイトで忙しい	関心が無い	進学を考えている	保護者の教育方針・意向	その他	合　計
全体	11 9.1%	6 5.0%	78 64.5%	14 11.6%	0 0.0%	12 9.9%	121 100.0%

第3節　学校に見る子どもの貧困

　高校生を取り巻く状況が大きく変化する中で、学校現場で教育に従事している教職員の実践の実態や意識を知ることは、今後の「貧困の連鎖」を断ち切る上で重要な取り組みと考えられる。そこで、今後の高校生の生活支援や就学支

第Ⅰ部　子どもと家族

援事業の企画立案に求められる実態把握のために大阪府内の高校を対象とした調査を行い、次のような概況が明らかとなった。

1）衣食住の環境

家庭で衣食住の環境が十分でない様子の生徒がいるかどうか尋ねたところ、「いない」が38.3％で最も多く、次いで「いる」34.4％、「わからない」26.8％、「無回答」0.5％であった。

学校別に見ると、「国立・公立」で「いる」と回答したのが50.0％であったが、「私立」では32.1％で17.9ポイントの差が見られた。

また、「いる」と回答した63校に対して、一学年平均でどの程度いるか尋ねたところ「10％以下」と回答したものが22.2％であった。次いで「1％以下」20.6％、「5％以下」19.0％となっている。

	いる	いない	わからない	無回答	合　計
国立・公立	28 50.0％	11 19.6％	17 30.4％	0 0.0％	56 100.0％
私　立	18 32.1％	21 37.5％	17 30.4％	0 0.0％	56 100.0％
専門学校	17 23.9％	38 53.5％	15 21.1％	1 1.4％	71 100.0％
全　　体	63 34.4％	70 38.3％	49 26.8％	1 0.5％	183 100.0％

2）医療機関での治療・受診

病院・歯科医院等の医療機関で治療を受けることが難しい様子の生徒かどうか尋ねたところ、「いない」48.6％、「わからない」33.3％、「いる」17.5％、「無回答」0.5％であった。学校別に見ると、「国立・公立」で「いる」と回答したのが32.1％であったが、「私立」では10.7％で、21.4ポイントの差が見られた。

また、「いる」と回答した32校に対して、一学年平均でどの程度いるか尋ね

たところ「2％以下」25.0%「5％以下」21.9%「10％以下」18.8%となった。

	い る	いない	わからない	無回答	合　計
国立・公立	18 32.1%	13 23.2%	25 44.6%	0 0.0%	56 100.0%
私　立	6 10.7%	31 55.4%	19 33.9%	0 0.0%	56 100.0%
専門学校	8 11.3%	45 63.4%	17 23.9%	1 1.4%	71 100.0%
全　　体	32 17.5%	89 48.6%	61 33.3%	1 0.5%	183 100.0%

3）授業料以外の費用の支払いについて

　授業料以外の費用（学用品、校外学習費、部活動費、修学旅行、卒業アルバム代金等）の支払いが困難な生徒がいるかを尋ねたところ、「いる」60.1%、「いない」25.1%であった。学校別では「国立・公立」と「私立」では、19.7ポイントの差が見られた。

　また、「いる」と回答した110校に対して、一学年平均でどの程度いるか尋ねたところ、「1％以下」23.6%、「3％以下」22.7%、「5％以下」15.5%、「それ以上」「無回答」がともに13.6%、「10％以下」10.9%となっている。

	い る	いない	わからない	無回答	合　計
国立・公立	45 80.4%	5 8.9%	6 10.7%	0 0.0%	56 100.0%
私　立	34 60.7%	15 26.8%	7 12.5%	0 0.0%	56 100.0%
専門学校	31 43.7%	26 36.6%	13 18.3%	1 1.4%	71 100.0%
全　　体	110 60.1%	46 25.1%	26 14.2%	1 0.5%	183 100.0%

4）生徒のための支出

　生徒のために自分のお金を支出したことがあるか尋ねたところ、「支出したことはない」84.2％、「支出したことがある」が15.8％であった。「私立」に比べて「国立・公立」は12.5ポイント高かった。

　また、「支出したことがある」と回答した29校に対して何に支出したかを複数回答で尋ねたところ、最も高かったのは「部活動費」48.3％であった。次いで「その他」37.9％、「学用品費」27.6％、「校外学習費」「卒業アルバム代金」がともに17.2％、「修学旅行費」13.8％であった。

　また、「支出したことがある」と回答した29校に対して、一学年平均でどの程度いるか尋ねたところ「1％以下」24.1％、「2％以下」20.7％、「5％以下」17.2％、「それ以上」6.9％であった。

	支出したことがある	支出したことはない	合　計
国立・公立	16 28.6％	40 71.4％	56 100.0％
私　立	9 16.1％	47 83.9％	56 100.0％
専門学校	4 5.6％	67 94.4％	71 100.0％
全　体	29 15.8％	154 84.2％	183 100.0％

	学用品費	校外学習費	部活動費	修学旅行費	卒業アルバム代	その他
国立・公立	5 31.2％	2 12.5％	8 50.0％	3 18.8％	1 6.2％	5 31.2％
私　立	2 22.2％	1 11.1％	4 44.4％	0 0.0％	2 22.2％	3 33.3％
専門学校	1 25.0％	2 50.0％	2 50.0％	1 25.0％	2 50.0％	3 75.0％
全　体	8 27.6％	5 17.2％	14 48.3％	4 13.8％	5 17.2％	11 37.9％

5）諦めているものはあるか

　親の経済状態で、諦めていることがあるかについて尋ねたところ、「ある」は65.0％、「ない」は13.1％、「わからない」は21.9％であった。「国立・公立」と「専門学校」では、35.4ポイントの差がみられた。また、「ある」と回答した119校に対して、何を諦めているように思いますかと尋ねたところ、最も多かったのは「進学」の70.6％であった。次いで、「修学旅行」43.7％、「学習塾・習い事」24.4％であった。

　また、「ある」と回答した119校に対して、一学年平均でどの程度いるか尋ねたところ、「2％以下」18.5％、「5％以下」27.7％、「10％以下」16.0％、「それ以上」10.1％であった。

	ある	ない	わからない	合　計
国立・公立	49 87.5％	1 1.8％	6 10.7％	56 100.0％
私　立	33 58.9％	7 12.5％	16 28.6％	56 100.0％
専門学校	37 52.1％	16 22.5％	18 25.4％	71 100.0％
全　体	119 65.0％	24 13.1％	40 21.9％	183 100.0％

	進　学	校外学習	クラブ活動	修学旅行	学習塾・習い事	その他
国立・公立	38 77.6％	5 10.2％	14 28.6％	20 40.8％	21 42.9％	4 8.2％
私　立	26 78.8％	0 0.0％	9 27.3％	21 63.6％	4 12.1％	3 9.1％
専門学校	20 54.1％	8 21.6％	3 8.1％	11 29.7％	4 10.8％	9 24.3％
全　体	84 70.6％	13 10.9％	26 21.8％	52 43.7％	29 24.4％	16 13.4％

6）「貧困」「生活困窮」家庭は増加しているか

10年前と比べて、保護者の中で、いわゆる「貧困」や「生活困窮」家庭は増加していると思うかについて尋ねたところ、「少し増加している」39.3％、「かなり増加している」35.0％となっており、あわせて8割近くが増加していると回答している。学校の種別によって大きな差はみられない。

	かなり増加している	少し増加している	あまりかわらない	減っている	よくわからない	合　計
国立・公立	21 37.5%	20 35.7%	4 7.1%	1 1.8%	10 17.9%	56 100.0%
私　立	21 37.5%	19 33.9%	9 16.1%	0 0.0%	7 12.5%	56 100.0%
専門学校	22 31.0%	33 46.5%	9 12.7%	0 0.0%	7 9.9%	71 100.0%
全　体	64 35.0%	72 39.3%	22 12.0%	1 0.5%	24 13.1%	183 100.0%

7）保護者・家庭の状況について

2010年度以降、以下のような状況の保護者・家庭はありましたかと尋ねたところ、「失業中」77.6％、「病気」74.9％、「生活保護を受けている」61.2％となっており、各項目で高い割合となっている。

	失業中	病　気	生活保護	就学援助	サラ金・失踪	その他
国立・公立	47 83.9%	48 85.7%	41 73.2%	31 55.4%	10 17.9%	4 7.1%
私　立	43 76.8%	39 69.6%	34 60.7%	39 69.6%	3 5.4%	1 1.8%
専門学校	52 73.2%	50 70.4%	37 52.1%	49 69.0%	5 7.0%	4 5.6%
全　体	142 77.6%	137 74.9%	112 61.2%	119 65.0%	18 9.8%	9 4.9%

8）貧困状態にある家庭での生徒への影響

貧困状態にある家庭の生徒に、どのような影響があらわれていると思いますかと尋ねたところ、「日常生活リズムの崩れ（遅刻・授業中に寝ている等）」が最も多く80.9％となっている。次いで、「学習の遅れ」47.5％、「表情が暗い」45.9％、「進路が定まらない」41.5％となっている。「学習の遅れ」については、「国立・公立」と「私立」では、25.0ポイントの差がみられた。

	学習の遅れ	日常生活のリズムの崩れ	落ち着きがないイライラしている	表情が暗い	進路が定まらない	病気	特に影響はない	その他
国立・公立	35 62.5%	46 82.1%	23 41.1%	29 51.8%	38 67.9%	7 12.5%	1 1.8%	6 10.7%
私立	21 37.5%	44 78.6%	24 42.9%	28 50.0%	24 42.9%	3 5.4%	2 3.6%	4 7.1%
専門学校	31 43.7%	58 81.7%	21 29.6%	27 38.0%	14 19.7%	7 9.9%	8 11.3%	6 8.5%
全体	87 47.5%	148 80.9%	68 37.2%	84 45.9%	76 41.5%	17 9.3%	11 6.0%	16 8.7%

9）学校で実施していること

現在学校として実施していることは何ですかと尋ねたところ、「奨学金、就学援助の手続きの紹介をしている」87.4％、「声をかけて様子を聞くようにしている」68.3％、「電話で保護者と連絡をとるようにしている」62.8％の3項目が高い割合となっている。次いで「インターンシップ、キャリアガイダンス、就職のための情報提供」31.7％、「学校として徴収金を極力押さえている」20.2％、「学用品等を学校で用意している」4.4％、「学校徴収金を立て替えて払っている」3.3％となっている。

第Ⅰ部　子どもと家族

	声をかけて様子を聞く	奨学金、就学援助の手続き	保護者と連絡	学校徴収金の立て替え	学用品を学校で揃える	徴収金を極力抑える	就職情報の提供	特に何もしていない	その他
国立・公立	42 75.0%	52 92.9%	42 75.0%	1 1.8%	6 10.7%	12 21.4%	21 37.5%	0 0.0%	3 5.4%
私　立	36 64.3%	44 78.6%	34 60.7%	1 1.8%	1 1.8%	12 21.4%	9 16.1%	3 5.4%	4 7.1%
専門学校	47 66.2%	64 90.1%	39 54.9%	4 5.6%	1 1.4%	13 18.3%	28 39.4%	2 2.8%	1 1.4%
全　体	125 68.3%	160 87.4%	115 62.8%	6 3.3%	8 4.4%	37 20.2%	58 31.7%	5 2.7%	8 4.4%

10）必要と考える行政の支援

　必要と思われる行政としての支援は何だと考えますかと尋ねたところ、「奨学金、就学援助の制度（認定基準・給付内容等）の改善」が最も多く74.9％であった。次いで、「地域における生活困窮家庭の子どもたちの様子を見守るネットワークの構築」34.4％、「生活保護の制度（認定基準・給付額等）の改善」30.6％、「キャリア意識の形成、資格取得支援のための取り組み、就職のための情報提供」30.1％「学校内外の学習支援の充実」27.3％、「生活相談の窓口の改善」25.1％となっている。

	生活保護制度の改善	奨学金、就学援助の改善	地域のネットワークの構築	学校内外の学習支援	キャリア意識の形成就労支援	生活相談窓口の改善	その他
国立・公立	20 35.7%	47 83.9%	23 41.1%	20 35.7%	19 33.9%	13 23.2%	3 5.4%
私　立	17 30.4%	39 69.6%	21 37.5%	15 26.8%	13 23.2%	14 25.0%	3 5.4%
専門学校	19 26.8%	51 71.8%	19 26.8%	15 21.1%	23 32.4%	19 26.8%	2 2.8%
全　体	56 30.6%	137 74.9%	63 34.4%	50 27.3%	55 30.1%	46 25.1%	8 4.4%

第Ⅱ章　被保護世帯の高校在学年齢者の生活実態

第4節　考察

　今回の調査によって、被保護世帯における高校在学年齢者の生活課題、学校において貧困問題に直面している子ども達の就学の難しさとそれを支える学校側の戸惑い等の課題があらためて浮き彫りにされたといえる。ここでは調査からみえる被保護世帯の高校在学年齢者の生活実態と課題について整理してみたい。

　被保護世帯において、まず保護者（世帯主）に求められるのは就労自立、日常生活自立等を目的とする就職活動、就労となるが、現在の状況について、約6割近い世帯が「働いていない」（58.9％）状況となっている。これを保護者の学歴別でみると、中途退学者とそうでないものとでは、中途退学者の方が結果的に「働いていない」世帯が多くなっている。これには近年の経済状況等さまざまな要因が考えられるが、就職活動等において学歴等で不利益を被っている状況も想定される。また、働いている保護者についても雇用形態は、「アルバイト」が65.5％で最も多く、「契約社員」も9.8％となっており不安定雇用が背景にあることがわかる。また、働いている保護者に転職経験を尋ねたところ、転職回数（「5回」19.6％、「3回」14.9％、「10回」7.8％。）の多さが特徴としてみられ、安定した職業に就けていないことが明らかとなった。

　子ども達が貧困から抜け出し、貧困の連鎖を断つことが生活保護制度に関わる多くの人間の共通の願いであるが、現在の保護給付より以前の保護の受給経験について尋ねたところ、3割ほどの世帯が「受給していたことがある」状況が明らかとなり、また、これまでの保護の受給（決定）回数についても複数回（「2回」29.9％、「3回」19.7％、「4回」7.7％）にわたっており、貧困状況から抜け出せない世帯が一定数存在し、貧困から抜け出すことの難しさがうかがえる。子どもの頃の保護経験については、約1割の保護者において「受給し

ていたことがある」と回答しており、貧困の連鎖の状況をみることができる。現在の保護者（世帯主）の健康状態に関しては、「病気もしくは障害がある」が65.8％となっており、健康状態が芳しくないことがわかる。医療扶助による受診の様子はうかがえるが（「通院している」が89.0％）、病気は心身ともに生活に良い影響を及ぼさず、かつ一般的には経済的に困難な状況を及ぼすことは明らかであり、継続的に保護者が病気である状況は、さらに被保護世帯を困難な状況に陥らせるリスクをもたらすことになるといえる。

　教育による貧困からの脱出の効果は、短期的には成果がわかりにくいものの、長期的に見た場合、貧困状態にある生活環境や不利益な立場から抜けだし、新しい将来展望、生活機会の拡大につながることは、これまでも様々な取り組みによって明らかにされている。
　毎月の教育（習い事）にかかる費用について、約4割の世帯（42.6％）で全く支出されていない状況が明らかとなったが、経済的に苦しいなかでも子どもの教育について関心を持ち、家計を切り詰めて支出している状況も一方でうかがえる。保護者（世帯主）の習い事の経験については、3割近い保護者が経験がない（29.7％）という結果となった。習い事の経験がない理由としては、「経済的に難しかった」が約半数（50.5％）で最も多くみられ、経済的理由で子ども期において習い事を断念せざるを得なかったことがわかる。一方、子どもの習い事については、現在、習わせていると回答した世帯が10.1％という結果となっている。保護者の回答では、約7割が習い事の経験があることが明らかとなっているが、子どもの習い事については1割程度の世帯だけが子どもに習わせている状況にあり、保護者の習い事の経験が、子どもに引き継がれていない実態が明らかとなっている。これに関連して、習わせていない、辞めた理由について保護者に尋ねたところ、「経済的に難しい」が43.5％で最も多くなっているのは、経済的理由によって学びの連鎖が途切れてしまっている状況が生み出されていることがわかり、何らかの支援の必要性を読み取ることができる。

保護者と子どもの意識のズレについても見過ごすことはできない。学習支援施策の利用について、「利用したい」と希望する保護者は74.7％いるものの、子どもの希望は50.8％と約半数にとどまっている。希望する習い事についても保護者が「学習塾・補習」について62.8％で最も高くなっているが、子どもの希望内容は、「資格取得」が57.7％で最も多く、「学習塾・補習」は39.3％にとどまっており、保護者との差、つまり意識のズレがみられる。保護者は子どもの将来の進学を考え教育に関心をもつものの、子どもにとっては現在置かれている状況からの脱却を考えると資格取得から就職に結びつけたいと考えているのではないかと思われる。

　進学についても、保護者の半数において大学進学を希望しているが（51.3％）、子どもが希望する最終学歴において大学を選択しているのは23.6％となっており、保護者の半数以下となっている。保護者の学歴をみると、大学・短期大学卒業は５％程度であったが、子どもにはせめて大学進学を、と望む保護者が少なからずいる（51.3％）にも関わらず、子どもとの意識のズレがみられる。このことは子どもが本当に大学進学を希望していないのか、もしくは経済的に苦しいなかで大学進学を言い出せない状況にあるのかはわからないが、実際に被保護世帯において大学進学へのニーズがあることは明らかであり、その対応が必要であることがわかる。

　保護者と子どもの意識のズレについては、職業支援施策の利用についても同様である。保護者による回答では「利用したい」が85.0％であったが、同様に子どもに尋ねたところ「利用したい」は63.1％にとどまり、20ポイント以上の差がみられた。しかしながら、希望する支援については、保護者（75.8％）、子ども（64.4％）ともに「資格取得」で最も多く、就職活動、就労に向けて現実的に必要となるスキルの修得に強い関心を持っていることがわかる。利用にあたって最も気にすることについては、「費用」が保護者（74.7％）、子ども（62.2％）ともに最も多く、職業支援施策の無料化、低額化の検討が必要といえる。

第Ⅰ部　子どもと家族

　子どもが将来についての希望を考えることは、これまでの生活困難な環境から抜け出す大きな動機付けとなるのは言うまでもない。これに関して、保護者に子どもの将来についての希望職種について尋ねたところ、約4割が「ある」と回答している。同様の質問を子どもに聞いたところ5割近いもの（49.5％）が、将来の希望職種は、「決まっている」と考えている。また、子どもの職業意識の形成や就職活動について希望することについて保護者は、「学校での職場体験」が40.0％で最も多く、次いで「学校での就職に関する掲示・進路指導室の資料の充実」については31.2％、「学校での職業に関する授業の充実」が30.2％となった。同様の質問を子どもに尋ねたところ、「学校での職場体験の充実」が27.0％で最も多く、次いで「学校での授業の充実」が24.5％、「学校の就職に関する掲示・進路指導室の資料の充実」が21.5％となっており、学校を中心とした職業教育の充実と展開が求められていることがわかる。一方において、保護者の約3割からは「学校以外の地域で就職相談できる場所を設置して欲しい」という声もあり、子ども自身が学校と距離を置いていたり、中途退学している子ども達にとっては、学校外における支援の場、取り組みについても必要といえる。

　以上、被保護世帯の高校在学年齢者の生活実態と課題であるが、その他の学校機関調査や個別高校調査からも、貧困状況にある子ども達の深刻な問題や学校側の対応の戸惑い、一般の高校在学生との意識の差がみてとれる。特に、学校機関調査では学校側からの深刻な実態やご意見をいただいており、早急に対応すべき課題も明らかである。まずは被保護世帯の自立支援にむけた取り組みについて、今一度個別に見直す必要があり、経済的基盤の形成に向けた生活環境の改善を促進する必要があろう。また、生活困難な環境の中において、経済的に不安定であるだけでなく、保護者と子どもがともに精神的に自己肯定感が持てない状況もある。精神的なサポートの必要性の観点から、相談支援体制の強化について検討する必要がある。そのほか、保護者と子どもとの間に意識のズレはみられるものの、学習支援施策や職業支援施策の充実は急務であり、正

確なニーズの把握を進めることで、きめ細かい支援体制の構築と実践が求められる。その他、学校現場においても、貧困状態にある子ども達への対応は、学校によって異なっている。学校現場、教育委員会、福祉関係部局との連携が、子どもを中心に展開していく必要性がある。教職員は、子ども達の世帯状況について、なかなか正確な情報を得ることは難しく、その対応について必ずしも専門的なアプローチについて身につけているわけではない。連携は言うは易く、行うは難しであるが、情報の共有について検討する場の設定は少なくとも必要と考える。

参考文献
青木紀『現代日本の「見えない」貧困―生活保護受給母子世帯の現実』明石書店、2003年
青砥恭『ドキュメント高校中退』ちくま新書、2009年
全国学校事務職員制度研究会『元気が出る就学援助の本―子どもの学びを支えるセーフティーネット』かもがわ出版、2012年
日本弁護士連合会『日弁連　子どもの貧困レポート』明石書店、2011年
反貧困ネットワーク大阪実行委員会『大阪の貧困―格闘する現場からの報告』耕文社、2010年
藤本典裕他『学校から見える子どもの貧困』大月書店、2009年

第Ⅲ章　シングルマザーの生活史からみる貧困リスク
――時間と空間の社会生態学の観点から――

（西川知亨）

はじめに

　関西大学人間健康学部は、「こころ・からだ・くらし」をキーワードにして、人間が健康に暮らしていくための条件や方法などについて追求している。このキーワードの含意はいろいろあるが、その一つとして、健康とは「人間」だけを見ていれば達成されるものではない、ということが挙げられる。人は、ある社会環境／社会過程において、幸せ、あるいは生きづらさを経験しながら生活していく。

　生きづらさを感じている人のなかには、「子ども」も含まれている。2017年4月から高等学校で使用される教科書に「子どもの貧困」に関する記述が盛り込まれるようになったように、多くの子どもの生きづらさは、ようやく社会問題として認識されてきている（2016年3月19日　朝日新聞朝刊　30頁）。

　こうした子どもの貧困問題の背後には、「親の貧困」がある。本稿において生活史が考察されるシングルマザーも、貧困状況のなかで、様々な困難な状況を経験している。シングルマザーなど、ひとり親の生活史研究は、社会福祉学領域などでおこなわれてきた。そこでなされるものの多くは、「当事者」が、どのような社会環境のなかで生きているのかをとらえ、支援につなごうとするものである。福祉実践に直結した手法は、人びとの安定した社会生活の創造と維持のためには必須である。

　他方、近年、社会学などの文脈において、ライフストーリー研究の興隆とともに、生活世界を物語ることの意義が見直されてきた。ライフストーリー研究

は、エスノメソドロジーなどミクロ水準に焦点を合わせた社会理論に依拠することにより、物語（ストーリー）が構築されていく側面をクローズアップさせることができた。こうした方法論は、現代的な生活史理論として注目を集めている（西川　2010）。

　こうした福祉実践に直結した方法や、近年のライフストーリー研究の多くは、人々が直接的に対峙する社会環境を捉えるには有効である。だが、人々をとりまく直接的な社会環境の「向こう側」にある間接的な社会環境や社会背景について十分にとらえることはできない。つまり、社会意識／社会変動なども関わる構造的暴力（structural violence）といった社会学的問題は看過されがちであるように思われる。そのために、特定の個人の水準を超えた長期的・広範な支援には必ずしも結びついていないようにも思われる。

　長期的・広範な視野にたった生態学的研究は、社会学史を振り返ってみれば、初期シカゴ学派の社会学者たちが行ってきた。だが、かつてシカゴ学派社会学が目指したような、問題状況にある人びとの生活史から社会構造を探る社会生態学的な生活史研究が、現代において必要と思われるにもかかわらず、ほとんど行われていない。それは、生活史から社会構造を把握するという古典の社会学の強みが忘れ去られているということでもある。原子論的な社会学を批判し、社会構造（システム）を把握すべきとしたデュルケム、あるいはその社会形態学を受け継いだシカゴ学派社会学の流れを、今一度参照することが有効であろう。たとえば、初期シカゴ学派のショウ、スラッシャー、そしてフレイジアらは、生活史研究をおこないながらも、同時に、人々の問題状況を、近代化のうねりにおける社会環境のなかでとらえることを目指した。現代の社会生態学は、人間生態学の定式化を試みたマッケンジーらに立ち返り、一連のシカゴモノグラフでなされていた方法を再評価し（西川　2003, 2004, 2007, 2008）、時空間の社会生態学の視点をもってもよいと思われる。必要な生態学的視点は、個人の局域的なエコマップを描く方法だけにとどまらない、時空間の視点を含んだ社会生態学である。そうした生態学的な生活史の視点からは、その人の人生にとどまらず、その背景にある「社会」が見えてくる。時空間の広がりという

第Ⅲ章　シングルマザーの生活史からみる貧困リスク

なかでとらえる事で、人々をとりまく直接的な社会環境を見ているだけでは気づかないような、社会問題の背景が見えてくることがある。

　時空間の視点を含んでいる社会生態学の観点で見てみれば、現代のグローバルな社会過程は、時間と空間の圧縮をもたらす（西川　2013）。時間の圧縮は、たとえば急激な社会変動が進んでいるにもかかわらず、いまだ過去のものとされる「近代家族」像が、人々の生活に影響力を及ぼす側面などである。空間の圧縮はたとえば、グローバル化のなかで人々の問題要素が、近接して共鳴してしまう側面などである。こうした社会過程で出現する問題状況やリスクは、平等に人々に降りかかるというよりも、「格差」をもって人々を襲う。様々な社会資源が不足している人々は、それらを豊富に有している人に比べて、リスクをこうむる可能性が相対的に高いと考えられる。

　本稿の目的は、シングルマザー（シンママ）の生活史を、社会生態学の視点を援用して検討することで、現代社会にみられる貧困リスクがどのように生成されるかを探ることにある。シングルマザーと一口に言っても、その状況は多様であるが、「大阪子どもの貧困アクショングループ」（CPAO: Child Poverty Action Osaka）が行ったシングルマザーの生活史調査（「シングルマザーたち100人がしんどい状況について話しました」）によるデータのなかから、とくに3つのケースを取りあげる（cf.大阪子どもの貧困アクショングループ編 2013）。第1節において扱う第1のケースは、シングルマザーの困難／生活の組織化についてのいわばひとつの典型的なパターンを表している。社会的絆／社会資源の不足という社会問題が身体化したが、それら諸資源の再組織化が図られている。こうした典型的な問題が、時空間の圧縮のなかでどのように生じてくるのかを示唆しているのが、第2および第3のケースである。第2節で扱う第2のケースは、過去のものともされる「近代家族」像のプレッシャーが、現在の生活を困難に陥らせる可能性について示している（時間の圧縮）。第3節で扱う第3のケースは、縁の変容とともにグローバル化によって問題状況にある人々の問題要素を共鳴させ、生活困難に陥らせる可能性について示している（空間の圧縮）。これらのケースは、時間と空間の圧縮という現代の社会過

程のなかで、困難な状況にある人々がこうむりやすいリスクを浮かび上がらせている。それと同時に、どのケースにおいても、フォーマルあるいはインフォーマルな資源を活用して、生活の再組織化へと志向していることが見てとれる。

第1節　身体化する社会問題
──社会的絆／社会資源の不足と再組織化

1．関係的貧困と身体への影響

　個々人の身体を見ていると、その身体に刻印された「社会」や社会問題が見えてくることがある。社会の問題は、個々の人々の身体や心に影響を与えている。

　本節で扱うミワ（仮名）は、頻繁に気管支炎を患うなど自身も健康不安を抱えながら、「病気」を持っている子どもを育てる20代前半（2013年の調査時）のシングルマザーである。ミワのケースは、健康不安という形で社会問題が身体化し悪循環に陥っていくが、社会資源や生活の組織化を図っているという、困窮状態に陥ったシングルマザーのひとつの典型的ケースであると言い得る。ミワの語りには、しばしば健康への不安と人間関係の問題が登場する。

　下の語りは、ミワの定位家族に見られる血縁関係の錯綜と多子についてである。

　　　ウチの親も、あたしの父親が、あたしが生まれてからすぐ離婚しはって、で、小2のときに再婚して、そん時に相手の方にも二人、あたしよりも上のお兄ちゃん二人。年後連れ子同士で再婚して、で、下三人出来て、今離婚している状況なんですよ。……だから、下三人はあたしと父親違い。……［母親は］一緒で。（ミワの語り）

第Ⅲ章　シングルマザーの生活史からみる貧困リスク

　ミワの定位家族は、血縁関係が錯綜しており、複雑家系と多子によって安定した家族の形成が困難になっている。ミワは、高校一年生のときに、親とケンカし、祖母の家に家出していた。その当時は、恋愛関係も友達関係もうまくいかなかった。そこでかなり落ち込みが激しく、病院にも通っていた。

　ミワは、経済的貧困の状況にあるが、「関係的貧困」（生田　2007，西川2011）の状況にもある。ミワは、困ったことがあった時に、一応、母親に相談できることは、相談するという。しかし、相談されることはあるものの、自分のことはあまり話さない。誰かに相談するということはあまりないという。友達に電話して気を紛らわすことはあるが、気を紛らわせたいときは、誰かに相談するというよりもイヤホンで音楽を聴くことが多いという。男性の友人はあまりいない。友人はほとんど女性だが、「元々友達があんま多い方じゃない」という。そうした関係の貧困が、健康に対する不安を助長する。

2．健康不安と支援についての考え

　自身の子どもに関しても、健康不安を語る。貧困状態における健康に関して、後述するように、ミワの考え方に大きく影響を与えている。ミワは、次女も三女も「病気持ち」であると語る。

　緊急帝王切開で生まれたミワの次女は、「30週」という早産で生まれた。体の3分の1か半分くらいの大きな腫瘍が、臀部についていて、それを除去する手術をした。しかしそれを除去することで、標準体重の半分以下となってしまった。そこから、先天性甲状腺機能低下症が見つかった。しかし、今はだいたい数値が落ち着いているので、重篤な病気というものはないに近いという。

　ミワの三女は、腎臓が片一方しかない。その片一方ある腎臓も、膀胱尿管逆流症となっている。通常なら一方通行である尿が、逆流してしまう。通常ならば、膀胱炎で収まるはずが、腎臓まで菌が行くと、腎臓が傷ついてしまうことになる。腎臓が片一方しかないので、腎臓が傷ついて機能しなくなったら、重篤な状態になる。手術が検討されたこともあるが、今のところ菌が入っているわけではないので、様子見という状態であるという。

このような状況のなかで、行政や「社会」に期待することについて、ミワは語っている。その一つは、保育所のみならず、子どもをあずけて仕事に行くにあたり、病児保育ももっと増やして利用しやすいようにしてほしいと述べている。とくに、病気や障害のある子どもをもつ親は、世間の目を気にしがちであるという。「子どもを外に出して、迷惑かけて白い目で見られたりする」のがつらいものであるために、外に出られずに「引きこもって」しまうという。1時間でも2時間でも、子どもをあずけて息を抜ける場所も少ないのも問題視している。障害を持っている子は相当数いるはずにもかかわらず、普段目につかないのは、このような事情があるとミワは経験上感じている。

ミワは、子どもの健康に不安を感じると同時に社会からの支援に関心を持っている。働きやすい環境の整備への期待の背後には、健康への不安がある。保育所に通所停止になり、病児保育も利用できず、周りに支援する人や機関がなければ、仕事を休んで、子どもの看病をする以外の選択肢はない。しかも、ミワの場合、（非正規の）仕事を「無理やり休ませてもらって」おり、このインタビューの行われた月も「1回か2回」ぐらいしか行けていない。

病気に関する健康不安は、シングルマザーの場合、とくに大きなものとなる。

> 特に保育所行ってたら、今月も長女がなんやったかな、のどの病気なって、で、それで出席停止くらって、それと同時に次女が手足口病になって、で、あ、ヘルパンギーナや、ヘルパンギーナと手足口病になって、で、ヘルパンギーナ長女が治ったーと思ったら手足口病からヘルパンギーナに変身して。……（中略）……やっと治った思ったら、三女が気管支炎また出て。（ミワの語り）

その他にも、胃腸炎、インフルエンザ、結膜炎、など、軽いものから重いものまで、様々な病気に悩まされる。再度述べれば、こうした不安はシングルマザーに限られるものではないが、生活が不安定な上、仕事に行けない状況は、不安をさらに加速させる。

3．偏見の目と分断

　ミワによれば、ミワなどのシングルマザーは、様々な偏見の目にさらされている。ミワが述べるように、保育所も、0歳以外の途中入所は困難である。途中入所が困難であるということは、同時にそれだけ「待機児童」が生み出されることになる。待機児童が多いにも関わらず、利用しやすい保育所がなかなか増えないことにミワは疑問を感じている。子どもを保育所に入れることができないということは、それは働くことができず家にいざるをえないということになる。とくに若い世代であると、同世代がまだ学生であったり、あるいは働いていたりするので、誰かと一緒に遊びに行くということが少なくなる。そうなると、家に引きこもってしまい、閉じこもっているおかげで、子どもに関して感じるストレスも多くなってくる。誰にも相談できないということで、色々な問題が起こってくる。このようにミワは考えている。

　ミワは、18歳で子どもを出産している。子どもは、電車に乗っていても、眠かったりお腹がすいたり、様々な理由で泣く。そこで、あやしていたら、「結構歳行ったおじちゃんとかおばちゃんがこっちじろじろ見て、あんだけ泣かして虐待や、みたいな。それだけで虐待って言われる。……あんな若いのに子供産んで」という目で見られるという。ミワは「子育てもろくにできないはずの年長者」から、虐待をしているようなまなざしを受ける経験を何度もしていると話す。とくに見た目が派手な若い母親（俗に言うギャルママ）は、年長者から偏見の目で見られがちであるという。これに関しては、個々人多様な人生の経路を認めるライフコースというよりも、人々に共通の人生の経路を想定するライフサイクル的な表象を持った社会意識の問題がある（西川　2016）。「世間」は、若いシングルマザーについては、ライフサイクル表象に合わないということで、厳しい視線を投げかける。晩婚化が進むなかで（cf. 阿藤他　1998，厚生労働省　2013）、若い母親に対するまなざしは厳しく、また、同年代で同じ境遇（若い母親）の者同士で親密な関係性を築くのは困難である。これは、関係的貧困、あるいはネットワークの貧困とも言いうるものである（生田

2007, 西川 2011)。困難を抱えたシングルマザーにとって、「共感」の念を共有しやすい、同じような困難な状況に置かれた人たちとのつながりがおそらく重要であるが、その供給はうまく行われているとはいいがたい。

4．公的扶助が社会参加を促進する可能性

　先述したように、ミワ自身も、頻繁に気管支炎を患うなど、健康不安をかかえている。とくに不調であるときなどは、毎月のように入院するなどして、「バタバタ」しているという。生活保護を受給することになり、生活費だけでなく、医療費も支給されている。ただし、生活保護を受給しながらパートとして働きに出ている。これは、「保育所行ってるから働けるでしょ、働いてください」と諭すという、福祉事務所のケースワーカーの指導もあるが、保育所についても就業証明書が提出できないと、退園させられるという事情もあるという。

　ミワは、人生において「落ち込んだ」ときのこととして、自分の幼少のころのことを回想する。

　　　母親が夜働いていたから、託児所に行ってたんですよ。幼稚園から帰ってきて、晩御飯食べて、託児所行って……ていうのがあったから結構寂しい思い出があって、幼稚園の中では楽しい思い出はあるんやけど……うーん、それが一番大きかったかなぁ。……（中略）……［母親は］えっとね、ふつうに水商売してはって、うん。それで、生活保護も受けてなかったし、その時。うーん、生活するんやったらそれが一番安定するんかなぁーって今になったら思うんですけど。（ミワの語り）

生活保護のおかげで、生活が可能になっていることを認識すると同時に、定位家族についての回想のなかでも、生活保護が生活を安定させることを認識していることがうかがえる。生活保護による安定した社会生活の促進は、次の語りにも表れている。

第Ⅲ章　シングルマザーの生活史からみる貧困リスク

　なんていうんかな、生活保護を受けているのがあるし、自分がある程度節約して、したら十分生活できるわけからだから、結婚してる時は財布が500円とかお金が無い状態で……子どもらのどうしよう、ミルクとかおむつとかどうしようっていう状態で、子どもらに何もしてあげられないこととかなって、たとえば、子どもの、あのー、子ども手当［児童手当、児童扶養手当］とか入ってきたら子どもに使ってあげられるわけだから、今は前に比べたら全然自分の気持ちの余裕もあるし、何も気にせんと家でおれる。（ミワの語り）

　ミワは、非正規（アルバイト）ながら、積極的に職を探し、仕事をしようとしている。実際の状況としては、非正規の職を転々とせざるを得ない。しかし、（けっして十分ではないものの）生活保護は、ある意味では、仕事を探す際の安心材料に少しはなっている。現在の条件ではけっして十分な扶助ではないが、病気によくかかる子どもも病院に通え、親子ともにささやかな趣味に興じ、低賃金の非正規労働ではあるが労働に従事し、シングルマザーの実態調査に協力するなどという形で、「社会参加（インボルブメント）」（Hirschi 1969＝1995）を可能にしている。精神的に安定して求職するためには、公的扶助が一定の役割を果たしうる。生活保護制度および自立支援制度にも反映されていることであるが、公的扶助は、社会参加を促進する可能性があること示してくれている。

　ミワのケースは、シングルマザーの陥る困難のひとつの典型について教えてくれる。それでは、時空間の圧縮が進む現代において生じている新たな困難とは何か。別のケースを検討しながら、次節および次々節で考察してみたい。

第2節　時間の圧縮による問題化
——「近代家族」表象の圧力

1．プッシュ要因としての近代家族の表象

　この節においては、シングルマザーであるカオリ（仮名；2013年の調査時30代後半）のケースを中心にして、近代家族の表象が生活解体を導いてしまうという困難について考察し、時間の圧縮現象についてとらえてみたい。

　カオリは、自身の幼少時代を振り返り、「むっちゃイイコだった」と回想する。それは、子どもに対する母親の願望を、単純に受け流すことのできなかった姿からもうかがえる。

　カオリの母親は、家族社会学の言葉で言えば、いわば擬似的な「近代家族」表象を押し付けるような存在であった（cf. 西川　2016）。「女の幸せは勉強して、良い学校行って、良い大学出て、エリート捕まえて、みたいな」ことを、常々要求していたという。そうした母親を指して、カオリは、「高度経済成長期に典型的な世代（性格）の人」と表現する。カオリによれば、母親自身は、そういう人生を歩んでこなかったため、むしろ自分の子どもにはそうなってほしいという希望を持っていたという。

　カオリの父親は、高度経済成長期における、いわゆる集団就職組である。職業は大工で、学歴は中卒である。愛知県の大手自動車会社の下請けの工場に就職したが、腰を痛めてしまい、故郷に帰った（cf. 西川　2009）。父親は兄弟が多く、姉の夫が大工だったので、そこで技術を習い、一人独立し、「一人親方」になる。そして間もなく「見合い」が設定されて、結婚した。カオリの幼少期は、バブル期にあたるため、建築業界も景気が良かった。

　しかしカオリの母親は、大工という自分の夫の職業を快く思っていなかった。母親が子育てする上で付き合っていた近所の「ママ友」は、大手企業や「エリート」の人が多かったので、引け目を感じていたという。つまり、カオリの

第Ⅲ章　シングルマザーの生活史からみる貧困リスク

母親は、「サラリーマン家庭」にあこがれを抱いていた。日本の高度経済成長期における「近代家族」がたどったプロセスは、〈「良い仕事＆結婚＆性別分業」→「郊外に家を建てる」〉という図式でよく語られるが、こうしたライフコースにかなりあこがれをもっていた。

2．慣習的世界からの「半離脱」

　しかしながらカオリは、そのような母親からの締め付け、いわば「近代家族」圧力に嫌気がさしていた。そのような状況を、カオリは「重かった」と表現する。

　カオリは、父親の趣味の影響を受けて、推理小説を読むのが好きだった。しかし、母親からは、「文学書」など、人に自慢して言えるような本を読めと諭され、かなり戸惑ったという。

　カオリは、中学卒業後、進学校である高校に入学する。カオリによれば、中学生までは、母親の敷いたレールに乗って生きてきたが、高校に入学した瞬間に「自由」を認識し、「はじけた」という。ただしはじけたと言っても、非行に走るなどということはなかった。ただ単に勉強しないだけで、一日中、テレビを見て過ごす日々が続いた。不登校とまではいかなかったが、しかし、「毎朝行くのがだるい」と感じ、高校3年生の時は、土曜日、あるいは4時間目しか行かないという状態であった。学校に行くのが嫌というわけではなかったが、ただ「好きにさせてほしい」と感じていた。

　カオリも述べているように、「ヤンキー」になったわけではない。母親からの「近代家族像」圧力に嫌気が差し、かつ学校にも真面目に通わなかったカオリは、ある意味では、ロバート・マートンのアノミー論でいう「退行（retreatism）」に近い態度をとって見せていた（Merton 1949=1961）。このようにカオリは、家庭のみならず、学校にも確固とした居場所を見出しえなかった。家族や学校という「慣習的世界（customary world）」（Cressey 1932）の居心地がよくない若年世代は、自己評価の回復を求めて、別の空間に「漂流（drift）」（Matza 1964; 宝月　2004）しがちである。そこでカオリが居場所を

見出したのは、インターネットの世界である。慣習的世界からネットの世界へ漂流していく様子について、カオリは次のように語っている。

> チャットとかが、すごいあちこちのチャットルームが流行ってた時に、大学生の友だちがやってるチャットに、おいでよって言われて入って。それパソコンを持つことに関しては、[母親が]なんかまあこれからの時代、絶対要るやろうからっていうので、結構すんなり素直に買ってくれて、ネットもすんなり繋いでくれたんですけど。もうそれがあかんかったって。それがあかんかったって未だに言ってはるけど。まあまあ、ほんだらもう入り浸りですよ、もう。もうあの頃は夜の11時から朝までチャットーみたいな。もうネット依存状態に入って、気付いてなかったけど。(カオリの語り)

当時は、大手の通信業者が提供する「テレホーダイ」というサービスを利用するユーザーが多かった。これは、事実上、夜の11時から朝の8時までは、一定料金でネットが使い放題というシステムであった。

このように、カオリは、慣習的世界から「半離脱」し、社会との接点、あるいは居場所として、ネットの世界を見出した。

3．結婚における問題状況の共鳴

カオリの定位家族からの「近代家族」圧力は、家を飛び出すプッシュ要因となった。カオリは、高校の卒業式の次の日に、荷物をまとめて「家出」した。その時は、とにかく母親からの期待に疲れ果てて限界がきていたのだという。

とにかく母親からの圧力から逃れたいとの一心で家を飛び出し、行きついた先は、ある一人暮らしの男性である。この男性と、カオリは結婚する。しかし、男性の人柄などに「惚れて」結婚したわけではなかった。

> まあでも、彼は気付いてたみたいですけどね、それは。なんか後々すご

い言われた。お前はたまたまあの時に俺が一人でおったから結婚になっただけで、あの時に俺がその状態じゃなければ、絶対に結婚もしてないよな、ってことはすっごい言われました。で、そんときに、そんなことないよって口で言いながら、めっちゃわかってるやん、って思ってましたから。（カオリの語り）

　でもそれほど、母親のその思いが「重かった」という。定位家族から離脱するのに、将来の家族形成に関わるプル要因よりも、定位家族のプッシュ要因のほうが大きかった。それほど、母親からの「近代家族」像の押し付けが嫌だったのである。
　しかし、夫となった人物は、借金を抱える貧困状態にあり、モラハラ、つまりモラルハラスメントをはたらく存在だった。殴る蹴るなど身体を対象にした暴力を振るうことはなかったが、しかし、家のモノがどんどん壊されていった。しかしカオリは、それらをＤＶやモラハラだと認識していなかった。
　不安定さが、さらに不安定さを生む状態となっていく。夫の本業であるタイル施工業の仕事もほとんどなく、モラハラはさらにエスカレートしていった。なんとか生活を立て直すべく、夫は、いろいろとネットオークションをしたり、また「アフィリエイト」（成功報酬型広告の稼業）を試みたりしていたが、しかしカオリは、夫が本当のところ、何をして稼いでいたのか把握していなかった。「たぶんかなり危ないこともやっていたんだろうな」と思っている。
　ついには、この夫と離婚することになる。離婚直前に、夫の「闇金借金」が発覚する。夫は多重債務に陥っていた可能性がある。金利と貸金業の規制が強化された改正貸金業法が施行（2010年完全施行）される前の時期である。

４．メンター、仕事、セルフコントロールの獲得

　離婚後、種々の困難を経験した後、少し生活が落ち着いたころに、カオリは就職活動を始めた。タイミングよく、コールセンターのアルバイトの仕事を得ることができた。

第Ⅰ部　子どもと家族

　このアルバイトは、非正規労働であっても、非常に意味のある転機になった可能性がある。本人の社会的ネットワーク、「弱い絆（ウィークタイズ）」を活用してアルバイトを紹介してもらい、新しい生活の組織化になったきっかけとなった可能性が感じられる（Granovetter 1973＝2006）。
　仕事を獲得すると同時に、カオリはセルフコントロール力も獲得することになる。この仕事を初めたときに、医師から処方されていた精神系の薬を服用するのが「急に怖くなった」。

　　そう、先生に内緒で止めてたんですよ。でも、一応行ってたんですけど、もう決まった時に、先生すいません、ちょっと最近薬怖くて飲んでないんすよねーって。ふーん、そうなん？って。気付いてはったと思うけど、たぶん。目も変わってると思うから。どしてもこうぼーっとさせる目になるので、気付いてはったと思うけど。もう自分がしんどくなったら来るんでいいんですかね？みたいな。いいよーみたいな。言われて。（カオリの語り）

　もともとカオリは、社会とつながりながら他者や生活環境に対して自分の影響を及ぼすような「コントロールバランス」（社会学者のティトルの言葉）が良好ではない、被抑圧的な状況下にあった（Tittle 1995，宝月　2004）。つまり、自分が他者から受けるコントロールと、自分が他者に対して及ぼすコントロールが不均衡な状態であった。しかし、良くも悪くも、医師の処方や指導に全面的に依拠する「コンプライアント」（Conrad 1994）にならずに、自分で投薬をコントロールできるようになったのは、ある意味で（「自立」ではなく）「自律」のきっかけになったようにも思われる。
　また、カオリにとって、人生上、重要な出来事があった。それは、メンターとも呼びうる人との出会いである。仕事とセルフコントロールを得ると同時に、たまたま新聞記事を読んでその活動家に会いに行き、運よくその人は「人生の師匠」となる。子どもが中学生になり、「人生の師匠」に出会い、安定した前

向きな日々を送れるようになっていた。

5．近代家族像の影響

カオリは、自分の経験を客観的に、リフレクシブにとらえることができるが、幼少期から抑圧的な状況に置かれていたという意味で「コントロールバランス」が悪かった。近代家族のイメージを押し付ける両親のもと、抑圧された定位家族生活を送っていた。その状況が、同じく生活解体した夫と接触する可能性を高めてしまい、実際に結婚、出産の後に、離婚を経験することとなった。しかし、新たな信頼・尊敬しうる人との出会いから、一定のコントロールバランスを保てるようになり、自律に向かっている。

近代家族像はけっして過去のものではなく（cf.西川 2016）、また現代においてむしろ生活解体のリスクをもたらす危険性すらある。現代化の過程は、近代家族とはあわない社会状況を作り出しているが、近代家族像は、よくも悪くもいまだ影を落としている。過去のものとされているものが、現代にも少なからぬ影響を及ぼすという意味での「時間の圧縮」現象が見てとれる。

第3節　空間の圧縮による問題化
——縁の変容とグローバル化による影響

1．「縁」の活用とその困難

40代後半（2013年の調査時）のシングルマザーのカズ（仮名）は、幼少のころ、父親がギャンブルに明け暮れる姿を目の当たりにするなど、定位家族に困難を抱えていた。それは、「虐待」とも言えるものである。しかしながら、カズのまわりは「血縁・地縁」がまだ生きていて、それらに助けられていた。たとえば、血縁で言えば、父親の側の親戚がサポートをしてくれた。「ありがたいことに、周りにすごく親戚がおって、朝起こしてくれたりとか、ごはん食べさせてもらってたから、なんとかなった」。また、両親の離婚という経験によ

り、地域の人々とのつながりも活用するようになった。

> だから離婚と同時に、社交的とは言わないですけど、すっごい人見知りで全然あかんかったのが、オープンになったというか。人の家にあがる、あがれるようになって。人の家でご飯食べれるまではなった。生きていく術やろなっていうのはたぶん。そんなんでしたよ。(カズの語り)

カズは、困難な状況に置かれるなかで、生きていく術や戦略を実践的に習得していた(cf. 西川　2009)。また、血縁のほかにも地縁が生きていた。「助け合うみたいなんが当たり前の地域」であった。しかし、カズにとって、それが重荷に感じられることもあった。

> そうね。そしたらたぶんあたしみたいに、したいこといっぱいいっぱいみたいな、自分の境遇がわかっていない。やからちっさい時に、かわいそうって言われる意味が。え、そうなんやって感じで。ちょっと足らんかったですね、頭に。だから遠足とかがすごい負担やったかなー。遠足行くたんびに、あたしはパンが好きなんです。で、パンを買っていくねんけど、お友達が言うて、色んな保護者の方がお弁当をくれるんです。それがすごく嫌で。(カズの語り)

子ども心にも、互酬的ではない一方向的な支援が負担に感じられた可能性がある(奥田　2012, 西川　2011)。

2．圧力を感じる定位家族から脱却するための国際結婚

　定位家族の圧力に「嫌気」がさしていたある時に、カズは、海外旅行に出かける。その旅行先において、旅行社の現地スタッフと仲良くなる。しかしながら、そのスタッフは、不慮のケンカに巻き込まれて、亡くなってしまう。カズは、その亡くなったスタッフの弟と結婚することになる。カズは、「別に恋愛

ではなくて、お互いがおんなじ失った傷があるから引っ付いてしまったんです。それが失敗でした」と回想する。

カズは、抑圧的な定位家族から抜け出したかった。カズと結婚した「スタッフの弟」は、兄を失うという悲劇を経験した。「愛着」（Hirschi 1969＝1995）を感じている人（スタッフ）を失うことで、解体的要素が共鳴する。本人たちは偶然の出来事と考えている可能性もあるが、時空間が圧縮するグローバル化のなかで起こった現象である。いずれにしても、この結婚は、カズにとって、人生、あるいはライフコースにおいて重大なイベントとなった。

3．新たな絆の構築へ

解体的・問題的要素は、国境を越えて共鳴した。グローバル化する現代における空間の圧縮は、手持ちの資源が不十分な問題当事者を襲う。その一方で、それまでの地縁や血縁が解体していくなかで、新たなつながりを作っていくことも、決して容易ではない。

しかし、そうしたなかにあっても、新たな社会資本、および社会関係資本の拡充が大きな意味を持つ。このことは、カズ自身も認識している。カズは、次のように語っている。

> サポートとしては、誰か聞いて、誰かがおってくれるって思えば、あたしもこれっていうおっきい人はいないけど。周りのサポートがあって。お腹痛い、近所の人、近所のおばさんがおかゆ作ってくれた。それは未だに感謝してます。よう分からん手紙が来た、読んでくれる人がおる、という。例えばお父さんと2人やったら、たぶんあたしは死んでると思うんですけど。周りが助けてくれた。だからおっきくなって、すごい、こう、その時は当たり前のように思って、お礼もちゃんと言ってなかったかもしれへん。今になったら、あれがあったから。（カズの語り）

これは、カズが、幼いころからなじんでいた地縁・血縁のモデルが影響して

いる。現在、幼少期と同じ地縁・血縁を維持しているわけではないが、以前にそうしたつながりを形成したスキルが役立っている（西川　2009，2011）。

　　信頼出来る人が周りにおって、サポートしてくれたら、7歳であれ40歳であれ、生きていけると思います。だって子どもってそんなにいっぱい考えへんもん。そのまんま、受けたもので生きていくから。大人の方がややこしいですよ。7歳の時は、おばちゃんくれた、ありがとうみたいな。47やと、もう返さなあかんって。ちっちゃい時は、なんもなしで。（カズの語り）

　またカズは、生活保護について以下のように語っている。誤解があるという指摘もあるかもしれないが、ひとつの社会意識を表すものとして、そのまま紹介する。

　　生活保護を受けるのは、自立する前のステップやと思って受ける人と、一生楽しようって思う人の差で。あたしはその一歩をして、それが記録に残るのが嫌やったから。動ける。病気じゃない。から、受けなかっただけ。借金は、自分が死ぬまでに返せばいいわと思ってるから。子どもらにペナルティーじゃないけど、福祉を受けることは重大なことなんですよ。そう聞くと受け入れられなくなっちゃったら、困るから。でも、あたしの場合はそうじゃなくてもやってきてるし、やらなあかんからやってるだけで。あなたのためじゃないからって言われても、あたしは出来なかった。そう。子どもに自転車買わなあかんけど、受けへんって言うて。いいや、貧乏のままでと思って。「無理よ、ないよ。」って言って、子どもにね。やってったの。経済ちゃいますか。母子、だからDVにしろ、何にしろ、子育てをするだけのサポートをしてくれたら、経済的にね。なんとかなるかな。（カズの語り）

第Ⅲ章　シングルマザーの生活史からみる貧困リスク

　では、カズにとって、どのようなお金だったら、得やすいものだろうか。カズは、次のように話す。

　　あたし個人で言うと、住居だけですね。住居。食べるのと、あとのお金は自分で稼げるけど、住まい。でもほとんどの人が、母子で、最初にブチ当たる壁は住まいです。(カズの語り)

　少なからぬ論者や活動家たちの間でも指摘されているが、このことは、日本の「住宅事情の貧困さ」、とりわけシングルマザーが住居を用意する際の困難を物語っている（早川編集代表・岡本・早川編　2011）。
　カズは、血縁、地縁を活用して生活を維持していたが、病理的な定位家族から抜け出すために、それらのつながりを断つように無理な国際結婚に踏み切った。それは、それまでの縁との断絶、新たな安定した関係作りの困難という2つの問題を呼び起こした。グローバル化による「空間の圧縮」が関係した現象である。しかし一方でカズは、以前の「縁」を形成したときに用いたスキルを活用し、新たな絆の構築にも努力している。

まとめ

　困窮状態にあるシングルマザーの多くは、個人と社会のかかわる問題と問題が重積し、無理が無理を呼んで悪循環に陥っている。逸脱の社会学の研究者であるタンネンバウムが定式化したのは「悪の劇化」(Tannenbaum [1938]1951)であるが、この用語を少し修正して言えば、「貧困の劇化（dramatization of the poverty）」とも言い得る過程である。こうした問題に加えて、まず時間の圧縮現象について振り返ってみれば、カオリのケースは、現代社会には合わなくなってきている「近代家族」表象が与えるプレッシャーが生活危機に陥らせるリスクをあらわしていた。過去の表象が、現代にそぐわなくなってきたにも関わらず、いまだ影を落としていることが分かる。さらに、空間の圧縮現象に

ついて、カズのケースを振り返ってみれば、グローバル化の過程は、ローカルなつながりを断ち切り、問題要素が国境を飛び越え、共鳴する危険性があることが見えてきた。しかし一方で、カズのケースからは、ローカルなつながりをそのまま復活させなくとも、そのときに培ったスキルを活用し再組織化するという可能性もあることが分かる。

　これら時間の圧縮、空間の圧縮の結果として、個々の人々の身体の水準において、問題として出現する種々のリスクは、様々な人に「平等に」降りかかるというよりも、人々の手持ちの資源の違いにより、格差をもって降りかかっていく。ミワのケースにみられたように、経済的および関係的な「格差」が、健康不安リスクとなって立ち現れる。本稿においては、時空間が圧縮する現代社会において、困難な状況にある人びとがこうむりやすいリスクの一部を浮かび上がらせてきた。

　このような貧困リスクを抱えた現代社会にあっても、生活を立て直して安定した生活を送るためには、さまざまな社会的つながりや社会福祉などにかかわる社会保障制度が、依然として重要な役割を果たしていることも、各ケースは示してきた。また、社会的つながりは、一般的に不足しがちであることも指摘されているものの、行政、市場、各種民間団体、家族、その他の親密圏などが複合的にかかわるさまざまな形が期待できる。ただし、とくに社会的反作用研究が示しているように、各支援主体が、個人的／社会的レジリエンスに及ぼす影響を明らかにしていくことも求められる（西川　2011, 2012, 2015）。いずれにせよ、これらのケースを参考にするなどして、たとえ困難な状況に陥っても、個々人にとって幸福に安心して生きていけるという確信のもてる社会の仕組みづくりを目指すべきことは言うまでもない。

参考文献
阿藤誠他，1998,「晩婚化・非婚化の要因をめぐる実証研究」平山宗宏『少子化についての専門的研究』厚生省心身障害研究　平成 9 年度研究報告書，9-58。
Conrad, Perter, 1994, "The Meaning of Medication: Another Look at Compliance," Peter

Conrad and Rochelle Kern eds., *The Sociology of Health & Illness: Critical Perspectives,* Fourth Ed., New York: St.Martin's Press.

Cressey, Paul Goalby, 1932, *The Taxi-Dance Hall: A Sociological Study in Commercialized Recreation and City Life,* Chicago: The University of Chicago Press.

Granovetter, Mark, 1973, "The Strength of Weak Ties, " *American Journal of Sociology,* 78(6)：1360-1380.（＝2006，大岡栄美訳，「弱い紐帯の強さ」野沢慎司編・監訳『リーディングス　ネットワーク論——家族・コミュニティ・社会関係資本』勁草書房，123-158.）

早川和男編集代表・岡本祥浩・早川潤一編，2011，『ケースブック・日本の居住貧困——子育て／高齢障がい者／難病患者』藤原書店.

Hirschi, Travis, 1969, *Causes of Delinquency,* Berkeley: University of California Press.（＝1995，森田洋司・清水新二監訳，『非行の原因』文化書房博文社.）

生田武志，2007，『ルポ最底辺——不安定就労と野宿』筑摩書房.

宝月誠，2004，『逸脱とコントロールの社会学——社会病理学を超えて』有斐閣.

厚生労働省，2013，『平成25年版　厚生労働白書——若者の意識を探る』厚生労働省.　http://www.mhlw.go.jp/wp/hakusyo/kousei/13-1/dl/gaiyou.pdf（2015年12月5日取得）

Matza, David, 1964, *Delinquency and Drift: From the Research Program of the Center for the Study of Law and Society, University of California, Berkeley,* New York: Wiley.

Merton, Robert King, 1949, *Social Theory and Social Structure: Toward the Codification of Theory and Research,* New York: Free Press.（＝1961，森東吾・森好夫・金沢実・中島竜太郎訳『社会理論と社会構造』みすず書房.）

西川知亨，2003，「初期シカゴ学派とE・F・フレイジア——人間生態学的方法の「極相」と「萌芽」」『ソシオロジ』48（2），社会学研究会，91-107.

————，2004，「社会調査と人間生態学的方法——初期シカゴ学派におけるE・F・フレイジアを中心に」『社会学史研究』26，日本社会学史学会，129-43.

————，2007，「E・W・バージェスと社会調査——「科学」の意味に注目して」『社会学史研究』29，日本社会学史学会，87-100.

————，2008，「初期シカゴ学派の人間生態学とその方法——E・W・バージェスとE・F・フレイジアを中心にして」京都大学博士（文学）論文.

————，2009，「愛知の「派遣村」に訪れたある相談者の生活史——生活の解体と再組織化の視点から」『京都社会学年報』第17号，京都大学文学部社会学研究室，1-28.

————，2010，「C・コンウェル＆E・サザーランド『詐欺師コンウェル——禁酒法時代のアンダーワールド』」小林多寿子編『ライフストーリー・ガイドブック——ひとがひとに会うために』嵯峨野書院，259-266.

————, (Nishikawa, Tomoyuki), 2011, "Pauvreté relationnelle et résilience sociale dans le

Japon contemporain," *Informations sociales*, 168, Caisse nationale des Allocations familiales, 96-102.
―――, 2012,「現代日本における反貧困活動の展開――時空間の人間生態学」『フォーラム現代社会学』11, 関西社会学会, 41-53.
―――, 2013,「初期シカゴ学派の貧困観――社会的組織化論・人間生態学からグローバル化の原初理論へ」『ジンメル研究会会報』18, ジンメル研究会, 16-31.
―――, 2015,「貧困対抗活動の生態系と福祉社会――個人的／社会的レジリエンスの観点から」第88回日本社会学会大会報告原稿.
―――, 2016,「近代家族とライフコース――模索する新しい家族」工藤保則・西川知亨・山田容編『〈オトコの育児〉の社会学――家族をめぐる喜びととまどい』ミネルヴァ書房, 17-34.
大阪子どもの貧困アクショングループ編(伊藤智樹・西川知亨共同全体監修), 2013,『シングルマザーたち100人がしんどい状況について話しました 調査中間報告書 2013年7月～2014年1月』大阪子どもの貧困アクショングループ.
奥田知志, 2012,『「助けて」と言おう』日本基督教団出版局.
Tannenbaum, Frank, [1938]1951, *Crime and the Community*, New York: Columbia University Press.
Tittle, Charles R., 1995, *Control Balance: Toward a General Theory of Deviance*, Boulder, CO: Westview Press.

注記：本研究は、「大阪子どもの貧困アクショングループ」(CPAO: Child Poverty Action Osaka 代表：徳丸ゆき子氏)の活動のひとつであるシングルマザーの生活史調査(「シングルマザーたち100人がしんどい状況について話しました」)で得られたデータによる研究成果の一部である。同団体がインタビューを行い、匿名化・文字おこしをしたデータを筆者が分析した。同グループには、その活動内容に敬意を示すとともに、グループの調査活動の成果の一つとして、筆者の論文というかたちを認めていただいたことに御礼を申し上げたい。ただし本稿の内容の責任は筆者にある。また本研究は、科学研究費補助金若手研究(B)の研究成果の一部でもある。

第Ⅳ章　多様化する結婚と家族
　　　──進化論の科学言説が示唆する未来像──

（森　仁志）

はじめに

　フェミニズムの論者がさかんに指摘するように、「家族」は歴史的文化的な概念である。これまで通時的通文化的に多様な意味を付与されてきた家族的な単位は、とりわけ子供の養育において一定の役割をはたしてきたが、近年、その「家族」がさらなる変化を遂げつつある。例えば、通い婚、週末婚、別居婚といった必ずしも同居を前提としない家族、離婚や未婚によるひとり親家庭、性的マイノリティによる結婚の権利申し立てなど、従来の近代的な家族観が揺さぶられている。

　今後、結婚、そして家族はどのように変容していくのだろうか。本稿では、この疑問に対して論争的な見解を述べる二人の研究者の議論を概観してみたい。人類学者のヘレン・フィッシャーは、結婚や離婚に関連するテーマで積極的に発言してきた研究者で、日本語にも翻訳された *The Sex Contract*（1982）（『結婚の起源』）、*Anatomy of Love*（1992）（『愛はなぜ終わるのか』）、*The First Sex*（1999）（『女の直感が男社会を覆す』）などの著作[1]を通じて平易な語り口で自らの研究成果を社会に広く還元してきた。もう一方は、心理学者のクリストファー・ライアンで、彼の博士論文をもとにして精神科医カシルダ・ジェタと共著で出版した *Sex at Dawn*（2010）（『性の進化論』）は、ニューヨーク・タイムズでベストセラーとして評価され、日本をはじめ世界21カ国で各国版・翻訳版が刊行されるほどの反響を得ている。

　著名な文化人類学者マーガレット・ミードによるジェンダーや性の研究が

フェミニズムの運動を後押ししたように、いわゆる「科学的」な言説は、それを受容する社会の規範や個人の生に少なからず影響を与えうる。よく知られるようにミードの研究はのちにデレク・フリーマンによって徹底的に批判され否定される[2]が、その後も変わらずフェミニズムの運動を支える理論として参照され続けている。これは逆説的ではあるが、「科学的」な言説が研究成果の真偽にかかわらず、社会的な影響力をもちうることを示す象徴的な事例といえる。本稿では、フィッシャーとライアンらの研究の真偽を判断する立場はとらないが、発言力のある両者の「科学的」言説を概観することは、その言説の社会的な受容可能性を考慮すれば、これからの結婚や家族のあり方を考察するうえで意味のあることだといえるだろう。

　フィッシャーとライアンらは共に、進化論の視点から結婚をめぐる議論を展開するが、人類の生物学的な基盤に適したものとして示される今後の結婚や家族のあり方に関する提言は互いに異なる。これは両者の間で、人類の繁殖戦略、すなわち性行動の解釈に違いがあるからである。そこで本稿では、まず1節で、狩猟採集時代の人類の繁殖戦略に関するフィッシャーとライアンらの仮説をそれぞれ紹介する。続く2節と3節では、人類を含む多様な生物の性的な「社会的行動」と「解剖学的身体的特徴」、すなわち「状況証拠」と「物的証拠」に基づく双方の主張を比較する。そして4節では、人類の性行動の歴史的変容に関してフィッシャーとライアンらが想定する筋書きを示し、最後にそれぞれが描く結婚と家族の未来像を提示する。

第1節　対立するシナリオ

逐次的一夫一妻制

　フィッシャーによれば、人類に共通する性行動で最も顕著なものは男女でペアを形成する結婚で、狩猟採集時代の人類の結婚のあり方は逐次的一夫一妻制と呼ぶべきものだった。このシナリオでは、人は子孫を残すために、一夫多妻

第Ⅳ章　多様化する結婚と家族

制などのわずかな例外があるものの、基本的には男と女で一対一のつがいをつくり、生まれた子をペアで養育する。しかし、一定期間をすぎると浮気をして婚外セックスするものがあらわれ、その場合はしばしば離婚、新たな相手との再婚というサイクルをたどる[3]。こうした逐次的な一夫一妻の男女関係は、農耕社会以降に出現した恒久的な一夫一妻制とは対照的なもので、生物学的な基盤に基づく人類の繁殖戦略をより直接的に反映したものとされる[4]。

　では、なぜ人類は近縁種のチンパンジーにみられるような乱婚的な性行為ではなく、男女で一対一の絆を結ぶのか。フィッシャーが重視するのは、直立歩行を発端とした「セックス革命」の影響である。人類が直立歩行をはじめた理由は、手を使用した武器の利用、道具を使った根や球根の採集、残肉の収集のためなど諸説あるが、いずれにしても人類が直立歩行するまでは、チンパンジーのように母親は子を腹や背につかまらせて容易に移動し、食料を自由に収集したり、森のなかで捕食者から素早く逃げたりすることができた。だが直立歩行をはじめて以降、母親は子を抱えることで腕がふさがれ、食料を収集したり広い草原で捕食者から身を守ったりするのが困難になった。そこで人類の女性は、自分と子供の生存のために充分な食料と保護を提供できる男性と特別な関係をもちはじめた。一方、危険な開けた草原で一夫多妻を維持することが難しくなっていた男性にとっても、守るべき女性と子供の個体数を限定することはメリットのある選択肢となった[5]。

　この条件下において、男と女はフィッシャーがいう「性の契約」を結ぶ。進化論のパラダイムによれば、生物は自己の遺伝子を次の世代に送り込むために多様な繁殖戦略を駆使する。人類の繁殖戦略として進化した「性の契約」では、他人の子に対して気づかずに投資し養育するリスクを望まない男は、確実に自分の子を産んでくれる特定の女との排他的な性交を求める。女はその男が食料と保護をもたらす意志と能力があるかを見極め、排他的な性のアクセスと引き換えに、男からの投資と保護を独占する。こうして一夫一妻の「性の契約」は成立することになる[6]。

　ただし、フィッシャーが強調するのは、男と女の繁殖ゲームはこれで終わる

わけではないという点である。男は、自らの遺伝子が生き残る確率を高めるために、ペア以外のできるだけ多くの女と出会って性交を重ね、より多くの子を産ませることで多様な遺伝子を次世代に残そうとする。一方で女は、いま現在の相手よりも優れた遺伝子を獲得しようと他の男を誘惑し、遺伝子の改良をはかろうとする。こうして「性の契約」を交わしたはずの男と女は、ペアの不実に神経質になりながら、互いに裏切りの機会を窺う[7]。

　フィッシャーが妥当だと考える仮説では、ほとんどの男が遺伝子をばらまこうとするのに対して、女は貞操の見返りにひとりの男から最大限の便宜を求める戦略と、複数の男との性的関係によってできるだけ多くの利益を得ようとする戦略のいずれかの方法をとる。彼女の表現を引用すれば、「この筋書は、男は本質的にプレイボーイで、女は聖母か娼婦だという一般的な見かたにも合致する」。「一夫一妻と不倫、それがひとの性のあり方なのだ」[8]。

乱婚制

　ライアンらは、進化論の権威による「通説（スタンダード・ナラティヴ）」[9]を、一夫一妻や不倫という「今存在している人間の社会慣習」を前提とした結論ありきの議論として批判する[10]。代わりに彼らが狩猟採集時代の人類の性のあり方として主張するのは、「一定数の継続中の性的関係を同時に結ぶ」、いわゆる「乱婚」である。ただし、「複数オス複数メス配偶システム」とも呼べるこの性行動では、無差別なパートナー選びが行われるわけではなく、狩猟採集の小規模な血縁集団（バンド）の規範が許容する範囲内で複数の相手との性的な関係を結ぶことになる[11]。

　ライアンらによれば、乱婚は、進化論のパラダイムで重視される子の生存という課題を効果的に解決するより現実的な手段である。スタンダード・ナラティヴが核家族を生存単位にして仮説を展開するのに対して、このシナリオでは小規模で親密な血縁集団を生存単位として想定する。移動型の狩猟採集社会では、不安定な生態環境のリスクを軽減するために、平等主義的分配によって互いが獲得する食料に依存し合うことが生存の可能性を最大限にする唯一の選

択肢となる。反対に分配を拒否して集団から締め出されることは、大量の食料を持ち運んだり保存・蓄積したりする手段のない条件下では生存の可能性を著しく低減させる[12]。

この互いに深く依存しあう集団では、過剰な独占欲や嫉妬による内紛は即座に生存を脅かすことになるので、集団内で乱婚的に性行為を行うことで、食料だけでなくセクシュアリティも共有して成員間の絆を強化する。ライアンらのいうこの「社会的性愛交換（ソシオ＝エロティック・エクスチェンジ）」略して「SEEx」は一方で、父性を曖昧にして不確かなものにするため、複数の男が一人の子供に関心をもって共同で養育保護するように促し、結果的に集団内の子供たちの生存の確率を高めることにつながる[13]。

では、狩猟採集時代の人類は、逐次的一夫一妻か乱婚のどちらの性行動をとっていたのだろうか。フィッシャーとライアンらは、人類を含む多様な生物の性行動と身体的特徴を根拠に、自らの仮説の正当性を主張する。

第2節　状況証拠

離婚の進化

フィッシャーは、自らが主張する「人類の一夫一妻と離婚の進化についての重要なカギ」として、アカギツネと鳥類のロビンに注目する。自然界では一夫一妻は稀だが、アカギツネのオスとメスは人類と同じく一対一の絆を結ぶ。メスは未成熟な子を出産するために授乳にかかりきりで自力で食料を得るのが難しく、一方でオスは食料資源が拡散しているために一夫多妻を維持することができない。このため、アカギツネは一夫一妻の繁殖戦略をとり、メスは出産した子を約三週間育て、その間オスは巣に食料を持ち帰る。また、鳥類のロビンも、未成熟な子、食料資源の拡散といった条件によって一夫一妻を形成してヒナを庇護し、育てる[14]。

ここでフィッシャーが強調するのは、鳥類の多くがペアで子育てするものの、

一夫一妻制をとる鳥類の180種のうち、特定のパートナーのみと性交する、つまり「浮気」をしない個体はわずか10パーセントにすぎないという事実である。また、アカギツネやロビンは一夫一妻を生涯維持するわけではなく、オスとメスのペアは子育てが終わると解消される[15]。

次に、人類の多様な民族の性行動を記録した民族誌資料においても、フィッシャーが調べた42の民族誌すべてで不倫は報告されていたという[16]。彼女は、男性だけでなく女性にとっても浮気がいかに適応に有利かを示す事例として、カラハリ砂漠に住む狩猟採集民クン族の女性ニサの性行動に注目する。ニサは五番目の夫と暮らしながら、多くの恋人とつきあっていた。人類学者にその理由をたずねられると、こう答えたという。「女にはいろいろな仕事があるし、仕事で行くところで恋人ができるんです。どこかへひとりで行けば、そこでビーズをくれるひと、肉をくれるひと、ほかの食べ物をくれるひとがいるでしょう。そして村に戻れば、大事にされるわ」[17]。

さらに統計的にも、1947年から10年ごとに約60社会の結婚と離婚のデータを収録した国連人口統計年鑑から、世界の文化圏に共通する離婚の三つのパターンがみえてくるという。まず、通時的通文化的に離婚が最も多いのは結婚後四年目で、その後年を重ねるにつれて数字は低下していく。次に、離婚率が最も高い年齢は生殖能力の高い20代なかばの男女で、扶養すべき子がいない夫婦が離婚（1950年から1989年までのデータで39％）するだけでなく、子が一人（26％）か二人（19％）いても離婚し、三人以上（三人で7％、四人で3％）になると離婚率は低下する。また、離婚後に多くが再婚する[18]。

なぜ離婚率は結婚から四年後にピークを迎えるのか。例えばクン族の女性は出産すると頻繁な授乳、運動量の多さ、低脂肪の食事などの要因で排卵が阻害されるが、子が乳離れをすると妊娠能力を回復させ、ほぼ四年おきに出産する。伝統的な狩猟採集社会では、子供は四歳ごろになると年長者にまじり、年上の子供や親族、共同体によって面倒をみられるようになる。子供が手から離れた母親は、夫から庇護を受けて依存する必要性が減る。つまり、キツネやロビンと同じように、「ひとの一対一の絆も、もともと扶養を必要とする子供ひとり

第Ⅳ章　多様化する結婚と家族

を育てる期間だけ、つまりつぎの子供をはらまないかぎり、最初の四年だけ続くように進化したのである」。このフィッシャーの仮説によれば、現代社会における「四年めの浮気は、生物学的現象のひとつなのかもしれない」[19]。

性の契約の不在

　ライアンらが疑念を表明するのは、進化論の権威らが自然界では稀な一夫一妻の生物を探し出して人類の繁殖戦略のモデルにする一方で、遺伝的に人類に最も近いチンパンジーとボノボの乱婚的な性行動を単なる「極端な例」として排除する議論のあり方である。チンパンジーとボノボは共に地上で社会的集団を形成して暮らすが、ライアンらは人類の狩猟採集民と同じく平等主義的な社会行動をみせるボノボにとりわけ注目する。ボノボが構成する集団では、極度に階層的なチンパンジーとは対照的に、メス間の社会的な絆が重要な役割をはたす。メスの間には、順位が一応存在するものの柔軟で拘束力はなく、むしろそれは影響力の違い程度のもので、身体的な威嚇ではなく主に年齢に応じて決まる[20]。

　セクシュアリティに関しては、ボノボの性行動の頻度はチンパンジーを圧倒し、人類の女性と同じように月経周期の全期間を通じて性行為を行うことができる。このためメスの性的受容期が短い他の霊長類と比較して、ボノボのオスは希少な性行為の機会を求めて争う必要性が少ない。また、単に繁殖を目的にするのであれば排卵を狙わない性行動は非効率的だが、ライアンらによれば、ボノボと人間の「生殖に結びつかないセックスは、〔中略〕互恵的な関係のネットワークを構築し維持するための手段」として有効である[21]。「人類とボノボが性愛を活用するのは、快楽のためであったり、友情の強化のためであったり、取引を確実にするためであったりする（結婚は歴史的には"永遠の誓い"というより、むしろ"企業合弁"に近いものだったことを思い出していただきたい）。この二種にとって（そしておそらくこの二種のみにとって）生殖に結びつかないセックスは『自然』であり、それが実際の性質なのである」[22]。

　南米アマゾンの先住民に関する民族誌でも、性行為が社会的紐帯を強化する

第Ⅰ部　子どもと家族

手段として活用され、道徳的義務でさえある事例が報告されている。例えば、ブラジルのマティス族では婚外セックスが一般的で、性的な誘いを断ると「性器を出し惜しみする奴だ」と批判される。また、刺青祭りでは普段のパートナーとの性交が禁止され、これを守らないと重い罰を受ける場合もある[23]。同じくブラジルのメイナク族の村では、37人の成人が88組の男女関係をもち、こうした婚外関係が村の住人の結束を強める役割をはたしているという[24]。

ほかにも、パラグアイのアチェ族は、胎児は精子の蓄積によってつくられるという信念をもつという。アチェ族では具体的に、父親はつぎの四種類に区別される。

　　ミアレ：それを中に入れた父親
　　ペロアレ：それをかき混ぜた父親たち
　　モンボアレ：それを外にこぼした父親たち
　　ビクアレ：子供のエキスを提供した父親たち

アチェやマティスやメイナク以外にもこうした分割父性を信じる社会は、アラウェテ（ブラジル）、イェクアナ（ベネズエラ、ブラジル）、エセエハ（ボリビア、ペルー）、カシナウア（ブラジル）、カネラ（ブラジル）、カヤポ（ブラジル）、クリナ（ブラジル、ペルー）、シオナ（エクアドル、コロンビア）、セコヤ（エクアドル、ペルー）、バニワ（ブラジル、コロンビア、ベネズエラ）、バリ（コロンビア、ベネズエラ）、ピアロア（ベネズエラ、コロンビア）、ピラハ（ブラジル）、ヤノマミ（ベネズエラ、ブラジル）、ワラオ（ベネズエラ、ブラジル、ガイアナ）など相互に文化的交流のない南米の地域に存在し、パプアニューギニアのルシ族も父性に関して同様の概念をもつという[25]。

ライアンらは、分割父性のメリットを端的にあらわすエピソードとして、イエズス会の宣教師が北米のモンタニェ・インディアンの男性に対して不貞の社会的な蔓延を批判したときの回想録を紹介している。

「私は彼に言いました。女が自分の夫以外の男を愛するのは、それが誰であ

第Ⅳ章　多様化する結婚と家族

れ立派な行ないとは言えない、そんな悪行がはびこっているから、夫はそこに自分の息子がいても、それが自分の息子であるという確信が持てないのだと。すると彼は、こう答えたのです。『それは間違っています。あなた方フランス人は、自分の子どもしか愛さないかもしれないが、われわれはこの部族のすべての子どもたちを愛している』と」[26]。

　アジアでも中国のモソ族では、社会的に父性の確認が必要とされていない。モソ族は子が母親の血縁集団の成員になる母系制で、母方の出自をたどって子に財産などが受け継がれる。この社会に特徴的な性行動は、「散歩」を意味する「セセ」と呼ばれるもので、13、14歳になると女は自分の部屋をもち、表通りに通じる専用の扉から男を自由に迎え入れることができる。夜明けまでに男はその部屋を立ち去らなければならないが、翌晩に同じ男を迎え入れてもよいし、別の男でも問題ない。子が生まれると母親の家で育て、男は訪れた先の家の女が産んだ子ではなく、自分の姉妹の子の面倒をみることになる。つまり、モソ族出身の女性ヤン・アーシュ・ナムが語るように「どれほどの想像力を働かせても、セセは結婚とは言えない」のであって、この社会では父性の確認どころかそもそも結婚が存在しないことになる。進化論のスタンダード・ナラティヴでは、人類のあらゆる社会で結婚、それもとりわけ父性の特定を条件とする「性の契約」に基づく一夫一妻制が観察されることを議論の出発点としているが、モソ族の事例は、父性の確認、性的に排他的な一夫一妻、結婚というすべての前提に対する反証となっている[27]。

　フィッシャーは、「例外をとりあげるのではなく、ごく一般的なパターンに着目」すべきだと主張する[28]が、ライアンらは「どこの人間でも、男女一組になる」ことを認めつつも、「数時間かもしれないし、数日かもしれない、数年の間かもしれない」「さまざまに異なる何種類もの人間関係」を指して「結婚」の普遍性を説くことの欺瞞を批判する。ライアンらにとって、結婚の通文化的な普遍性を主張するジョージ・マードックに代表される文化人類学者たちは、民族誌批判の議論が指摘してきたように、「確証バイアス」によって見たいものを「発見」しているにすぎず、「解釈に依存する科学」の弱点を露呈し

ている[29]。これを踏まえてフィッシャーとライアンらは、これまで積み重ねてきた「状況証拠」に加えて、人類を含む生物の身体に残る解剖学的な「物的証拠」に基づいて議論を展開する。

第3節 物的証拠

精子間競争

　性器の形状は、その生物の生殖のあり方について物語る。例えば、ゴリラのオスは大柄な身体とは対照的に小さなペニスをもっている。その理由は一夫多妻のハレム型の集団を形成するゴリラのオスは、生殖の機会をめぐって個体同士の肉体的な闘争によって競うため、生殖器の性能自体は重要ではないからである。

　フィッシャーが注目するのは、ゴリラよりも身体の小さな人類が、ペニスのサイズではゴリラを上回っているという事実である。とりわけ人類のペニスの長さに関する説明では、精子間競争の理論が重視される。精子間競争とは、言葉の通り、複数のオスの精子がメスの体内で受精可能な卵子をめぐって競争する現象を指す。フィッシャーは、カワトンボのオスが陰茎器官で前のライバルの精子をかき出してしてから射精する例などをあげながら、人類の長いペニスも精子間競争で自らの精子をできるだけ女性の体内の奥深くに送り出そうとした結果だと推察する[30]。

　また、人類の睾丸のサイズも、精子間競争の結果として進化したという。一夫多妻のゴリラと比べて、チンパンジーの睾丸のサイズが大きいのはメスが乱婚的な交尾を行うからである。大きく性能のよい睾丸で大量の精子をメスの体内に送り込むことができるオスは、精子間競争を勝ち抜く可能性が高い。結果、大きな睾丸が淘汰を生き延びることになる。これはチンパンジーだけでなく、ゴリラとチンパンジーの中間程のサイズの睾丸をもつ人類にも当てはまるとする議論があり、フィッシャーもこれを否定しない[31]。

第Ⅳ章　多様化する結婚と家族

　一方、人類の女性の特徴としては、「マルチオーガズム」が取りあげられる。女性は男性とは違って何度でもオーガズムを感じることができるが、なぜ女性にその能力が備わっているのだろうか。フィッシャーは、「わたしたちの祖先が木から降りてくるよりもずっと前に、それは進化していたのではないか」として、チンパンジーのメスにも同じ能力があることを引き合いに出しながら、「マルチオーガズムは、複数のオスといい関係があれば暮らしやすかった樹上生活の人類の祖先にとっても、適応上有利だったはずだ。そこでルーシー[32]は、マルチオーガズムの能力を祖先から受け継ぎ、わたしたちに伝えたのだろう」と推測する。さらに、女性の気まぐれなオーガズムに関しては、性的な気遣いができる長く深い関係のパートナーとの間でクライマックスに達する傾向が強いことを根拠に、無意識のうちに「やさしく辛抱強い男性を区別できるように進化してきたのだろう」という[33]。

　フィッシャーは、人類の身体的生理的特徴から性行動について論じる際に、過去に乱婚的な繁殖戦略をとっていた可能性を否定しない。実際、長いペニスと中程度のサイズの睾丸による精子間競争、マルチオーガズムといった身体的生理的な特徴はすべて、メスが複数のオスと性交を行っていた証拠として説明されている。人類の祖先の性行動は、逐次的一夫一妻からさらにさかのぼれば乱婚に辿りつくと認めているのである。

物的証拠の解釈

　フィッシャーと同じくライアンらも、人類の繁殖戦略として精子間競争に注目する。この理論では、メスの体内に複数のオスの精子が同時に存在することを前提に議論が展開されるが、ライアンらはペニスのサイズだけではなく、独自の形状にも性淘汰の影響がみられると指摘する。

　具体的に、なぜ人類のペニスが「顎が張っていて、雁首のくびれた」独自のフォルムになったのかについては、精子置換のプロセスを再現した実験で説明できるという。この実験は、人工ペニスでゴム製の膣内の人工精液を取り除けるかを試したもので、90％以上の確率で一度のピストン運動によって精液が除

去可能なことを証明した。人類に特徴的なペニスの形状は、ピストン運動と合わさることで、女性の性管を真空状態にして先に注入された精子を吸い出すのに強みを発揮するのである[34]。

　また、精子間競争の影響は、膣内への射精のされ方と精液の成分にもみられるという。射精は一般的に3〜9回に分けて噴射されるが、この分割射精で放出される精液にはそれぞれに異なる化学物質が含まれる。最初の方に噴射された精液には、膣内で精子を守るための成分が含まれ、女性自身の白血球からの攻撃だけでなく、女性の体内に残る他の男性の精液の化学物質からも防御する。反対に最後の方の精液には、あとから侵入してくる男性の精液を攻撃する成分が含まれる。こうして精子は女性の体内で役割分担をしながらチームプレーで他の男性の精子と戦う[35]。

　女性が複数の男性の精子を受け入れてきた証拠は、オーガズムの男女差にも見出すことができるという。男性は比較的早いオーガズムによって、他の男性から中断されるのを回避し、女性は性行為を長時間継続することで多様な精子を受け入れ、自らの体内で無意識のうちに競わせる。実際、女性は白血球による精子への攻撃、膣の収縮、子宮頸管の複雑な構造などによって、男性の精子をいわば「濾過」しながら自身との遺伝的な親和性をテストする。このため、できるだけ多様な「サンプル」を集めた方が有利になる。「メスによる選り好み（意識的であるにせよ、そうでないにせよ）は、交尾前の求愛行動において行われるのではなく、性交の最中もしくは性交後に起こるという考え方は、通説の内と外を引っ繰り返し、前と後を引っ繰り返してしまう」[36]。

　ライアンらは、ペニスの形状やオーガズムといった身体的解剖学的な特徴、つまり「物的証拠」によって人類がかつて乱婚だった事実を証明しようとするが、一方で「物的証拠」にさえ解釈が入り込む余地があることを認めている。例えば、霊長類のオスとメスの身体の大きさの性的二型は、メスとの生殖機会をめぐるオス間の争いと相関関係があるといわれる。一夫多妻のゴリラはオスがメスの二倍ほど大きく、一夫一妻のテナガザルはオスとメスの体格差がない。乱婚的なチンパンジーとボノボは、オスがメスより10〜20%ほど大きく、人

第Ⅳ章　多様化する結婚と家族

間の男女差もこの範囲に入る（表1参照）。それにもかかわらず、人間の男女の性的二型は、ある科学者には人類が太古から一夫一妻だった証拠とされ、別の研究者にはかつての一夫多妻を証明するものと論じられ、チンパンジーとボノボと同じように乱婚の証拠としては決して解釈されないのである。人間の睾丸にいたっては、身体全体に対する睾丸の大きさの割合がゴリラとボノボの中間に位置するために、人類の一夫一妻制を主張するものはボノボの睾丸よりも小さいことを強調し、ライアンらのように通説に異議を唱えるものはゴリラよりも人類の睾丸が大きいことに注目する[37]。

表1　類人猿の比較

種	人間	ボノボ	チンパンジー	ゴリラ	テナガザル
体重（オス／メス kg）	86/74（kg）	35/32	40/35	160/80	10/10
配偶システム	乱婚	乱婚	乱婚	一夫多妻	一夫一妻

出典：クリストファー・ライアン＆カシルダ・ジェタ（2010）『性の進化論』p.334-335から作成

　フィッシャーとライアンらの議論をまとめると、人類の性行動に関する「物的証拠」、具体的には男性のペニスや女性のオーガズムといった身体的生理的特徴を根拠に、両者ともにかつて人類が乱婚的だったことを認めて合意している。しかし、それがどの時期の繁殖戦略を反映したものかについては解釈が分かれる。フィッシャーは、それを「樹木生活」時代の名残として解釈し、約400万年前に人の祖先がアフリカの草原に降り立ってからは逐次的な一夫一妻の絆を発展させてきたと論じる[38]。これに対してライアンらは、人類の乱婚は農耕が開始される約一万年前まで続いたと主張する[39]。

第Ⅰ部　子どもと家族

第4節　人類の性の歴史的変容

鋤の発明

　フィッシャーとライアンらは共に、現代の恒久的な一夫一妻制は農耕社会の出現以降に定着したという仮説を共有する。ただし、両者の描くストーリーは細部において異なる。

　フィッシャーが主張するのは、紀元前3000年ごろに発明された鋤が人類の性行動と男女関係を一変させたという説である。狩猟採集社会では、女性は狩りをする男性とは別に野生の植物の採集を行い、食料供給の重要な担い手だった。女性は自由に出かけて食料、情報、モノを手に入れ、遠方の親戚や友人をたずね、自らの意志で自律的な性行動を行った。その後、狩猟採集から農耕へ移行しても、棒や鍬で耕していた時期には女性の役割にそれほど大きな変化はなかった。その証拠に、鍬を使用する文化圏では、女性が農作業で主要な役割をはたし、社会でも相対的に力をもっている[40]。

　しかし、腕力が求められる鋤の出現によって、男性が農業労働を独占するようになると、女性は食料供給者としての立場を失い、草むしりや食事の支度などの副次的な仕事を担わされるようになった。この偏った分業によって男女の平等な関係性はくずれ、経済的な自立性を失った女性は男性の所有物として従属的な地位に置かれ、性的自由も奪われるようになった。そして農業が発展するにつれて離婚率は継続的に低下し、恒久的な一夫一妻制が一般化した。実際、古代イスラエルやギリシャ、初期のローマといった農業社会では離婚率は低く、ローマで都市化がすすんで女性の一部が豊かになってはじめて上流階級で離婚率が上昇した。ただ基本的にはその後も離婚率は低く抑えられた状態が長く続き、その傾向は産業革命まで変わらなかった。「男女がともに自立をとりもどしはじめたのは、農業社会のヨーロッパやアメリカの納屋の向こうに工場が建設されるようになってからだった。性と愛と結婚のパターンの振り子は、ふた

第Ⅳ章　多様化する結婚と家族

たび昔に向かって戻りはじめたのである」[41]。

私有財産制

　ライアンらは、農耕社会での私有財産制の出現を、人類の性行動に重大な変化をもたらした契機とみなす。狩猟採集社会は厳格な平等主義だったが、これは共産制的な発想に基づく理想主義などではなく、生存戦略として必要なことだった。獲得された食料がすぐに公平に分配される即時報酬システムでは、私的な秘蔵や独占は厳しく禁止され、自分の子以外にも授乳するなど集団の成員は互いに深く依存する。こうした分配行動は、食料だけでなく性にも及び、ほとんどの成員が複数の性的関係を同時に結ぶことで生存単位としての集団の絆を強固なものとした。

　しかし、定住して農耕で土地にしばりつけられると、隣人の土地との境界線が重要となり、自らの財産を守ることが主要な関心事になった。男性の所有する財産には、食料だけでなく、奴隷、家畜、そして女性も含まれた。狩猟採集社会の共同所有制のもとでは男性は女性の性的な貞操に無関心だったが、私有財産制では自分が手に入れた土地や財産を家族内で保有して子に引き継がなければならず、性的に厳格な一夫一妻制が意味をもつようになった。「私有財産のせいで、われわれ人類史上初めて、父親であることが最重要課題となったのである」[42]。

　念のため断っておくと、結婚や家族のあり方に影響を与える要因としてその時代の社会文化からの影響を認めるフィッシャーとライアンらは、構築主義者が批判するような素朴な生物学的本質主義の立場はとらないが、また一方で文化決定論的な議論を支持しているわけでもない。ライアンらは「人間の性行動は、遺伝的傾向と社会的背景の双方を反映している」と明言し[43]、フィッシャーも「人間という生物の家庭生活は、〔中略〕古代の青写真のうえに、わたしたちの文化がそれぞれの設計図を描いている」として、文化的要因と生物学的要因の相互作用を認めている[44]。

　ただし注意すべきは、両者ともに、人間の性行動に与える生物学的遺伝的要

因からの持続的な影響力を重視しているという点である。フィッシャーは人類の文化的な柔軟性を認めつつも、「生物学的な欲求」の根強さを前提に、「文化はこの〔逐次的一夫一妻制の〕パターンを翻弄するかもしれないが、一掃してしまいはしないだろう」、「人間という動物が容易にしがちなことと、そうではないことは、進化の過程で決まっている」という立場を繰り返し主張する[45]。またライアンらも、「遺伝的傾向が進化する舞台となってきた社会」が「人類が地上で過ごした時間の95％以上を占める」狩猟採集社会だったことを踏まえて[46]、「人類の経験全体から見れば、最大でも５％にすぎない」農耕社会時代に出現した恒久的な一夫一妻制を強制する試みはことごとく「われらが先史時代の性向を抑え込むには、無力だった」としている[47]。

おわりに

　以上の議論を踏まえて、フィッシャーとライアンらが描く結婚と家族の未来像はそれぞれに異なる。
　フィッシャーは、「性の未来」のあり方について「祖先返り」というキーワードを用いて説明する。彼女によれば、農耕社会で一般化した恒久的な一夫一妻制は、今後、狩猟採集時代の逐次的な一夫一妻制に再び取って代わられることになるという。その主な要因は、産業革命による工業化の発展のなかで出現した「働く女性」の増加である[48]。農耕社会以降、狩猟採集時代の食料供給者としての地位を失って土地と夫に縛り付けられてきた女性は、雇用労働市場への参入によって「金、持ち歩ける資産」を手に入れるようになった。この経済的に自立した女性の増加は、離婚率の上昇に直結する。「南部アフリカのカラハリ砂漠で女性が水飲み場の権利をもっているところ、ポリネシアで女性がココヤシを収穫できるところ、ウォール街で女性が金儲けできるところ〔中略〕では、女性たちは不幸な関係から去っていく。なぜか？できるからだ」[49]。
　女性の自立に関連して、「女性がニューヨークで働き、結婚相手はボストンかシカゴに住んでいる」といった現代の通い婚も、実際には特に新しい現象で

第Ⅳ章　多様化する結婚と家族

はないという。人類学者が報告するように、多くの伝統的な社会では結婚した夫婦でも男性が数日狩りに出たり、女性が何週間も親戚を訪ねて家を離れたりするなど、常に生活を共にしているわけではない。通い婚は、とりわけ現代の夫婦にとっては「どちらもキャリアを脅かされることはないし、資産をひとつにする必要もない」うえに「息抜き」や「新鮮さ」というメリットも感じることができる。しかし、フィッシャーによれば、通い婚は親密な「絆の形成を妨げ」さらに「浮気には都合のいい」ために、離婚率を高く維持する要因の一つとなりうる[50]。

「祖先返り」は、大家族から小家族への変化というかたちでもみられるという。狩猟採集社会では4～5人の子供を産んで無事成人するのはほぼ二人という家族構成だったが、農耕社会では農場で手伝わせるために7～8人の子供を産む大家族が主流となった。しかし、現代のアメリカ人女性が産み育てる子供の数は平均1.8人で、狩猟採集時代の家族規模に逆戻りしている。また、女性が出産する間隔も広がりをみせ、前述のようにかつて女性がほぼ四年おきに出産した間隔に近づきつつある。フィッシャーは、小家族の子供の方が親からより多くの関心を向けられ教育程度が高いこと、また多数の子供を同時に育てるストレスから親が子供を虐待する事例も減るだろうとして、この傾向を積極的に評価する[51]。

離婚率の上昇による現代社会の特徴としてしばしば語られるひとり親家庭や混合家族も、逐次的一夫一妻制を人類の「自然なパターン」と主張する彼女にとっては、決して目新しいものではない。「離婚、単親、再婚、継父や継母、混合家族は人類と同じくらい古く、遠い先史時代に生まれたものである」。現代における女性の経済的自立、共稼ぎ家庭の増加、男女平等の進展は、農耕社会に特徴的だった恒久的な一夫一妻制を揺るがしたが、それは狩猟採集時代にすでに経験してきたことであり、家族の危機や崩壊を意味するものではない。フィッシャーによれば、現代社会に生きるわたしたちは「古代の人間性に合致した愛と結婚の伝統に逆戻りしている」のである[52]。

一方、ライアンらにとっては、現代社会で観察される逐次的な一夫一妻制は

「古代の人間性に合致した」「自然なパターン」への回帰などではなく、恒久的な一夫一妻制の強制への単なる拒否反応、つまり「社会が命じることと生物学的な要請との間の矛盾によって生じる問題に対応するために陥る症状」でしかない[53]。乱婚と共同体による子育てを先史時代からの人類の「自然」な「性向」として認識する彼らにとって、そもそも「夫婦を核にその周辺を一人か二人のこどもが回っているような孤立した核家族は、実は、われわれ人類という種に文化的に押し付けられた逸脱」であり、「崩壊した家庭、ノイローゼの親、錯乱し、すぐ怒る子どもたちが、今日、伝染病のようにこれほど蔓延しているのは、本当はわれわれ人類という種には合わない、歪められ、また人を歪めてしまうような家族構成に由来する、当然の帰結」だという[54]。

　では、現代社会が抱える結婚と家族の問題を解決するにはどうすればよいのか。ライアンらが「人間の本性に適応するパートナーシップ」として示唆するのは、「ポリアモリー」、「オープンマリッジ」の可能性である。ポリアモリーとは、3～4人による性的関係のことで、ニューズウィークの記事によれば、その数はアメリカ合衆国だけで50万人以上にのぼるとされる。またオープンマリッジは、互いに浮気を認め合う結婚のことで、一夫一妻の枠をこえてセックスすることを問題視しない。ライアンらは、現代アメリカでこうしたフリーセックスが機能した例として、第二次世界大戦時の空軍パイロットたちのスワッピングの実践をあげる。エリート・パイロットと妻たちは、戦争を生き残った夫の三分の二が寡婦となった妻を支援するという暗黙の了解のもとに、スワッピングを通じて互いに強固な絆を形成したという。もちろん現代社会において「一夫一妻の柵からあえてさまよい出ようとする者には、非難の金切り声が待っている」が、ライアンらによれば、それでも果敢にポリアモリーやオープンマリッジを実践する人たちの試みは、「古(いにしえ)の人類の社会的・性的構成を再現しようとしているのだと見ることができる」[55]。

　スタンダード・ナラティヴが理論の前提とする「性の契約」による核家族と、カウンター・ナラティヴが主張する親密な性的関係に基づく共同体。どちらが先史時代の人類の性のあり方として「自然」で、子どもを養育しケアする単位

第Ⅳ章　多様化する結婚と家族

として相応しいのか[56]。実際には、フィッシャーとライアンらが農耕社会の性に関する議論で指摘したように、人類はたとえ「生物学的」「遺伝的傾向」と合致していなくても、その時代の社会状況からの要請に応じた諸制度を受け入れる可能性がある。これを踏まえれば、人類の性のあり方としてどちらが「自然」か否かは度外視して、われわれの社会がいま現在抱える課題の解決可能性に応じて未来の結婚と家族が方向づけられることもありうる。この場合、フィッシャーとライアンらが主張する「科学的」言説は、仮説の真偽ではなく、有用性に基づいて「正しさ」が判断され取捨選択されることになるだろう。

注

1) 他にも、ヘレン・フィッシャー『人はなぜ恋に落ちるのか？―恋と愛情と性欲の脳科学』（大野晶子訳）（ソニーマガジンズ、2005年）、同『「運命の人」は脳内ホルモンで決まる！』（吉田利子訳）（講談社、2009年）が邦訳で出版されているが、本稿ではテーマとの関連性から本文中にあげた三つの著作に特に注目する。
2) Derek Freeman, *Margaret Mead and Samoa: The Making and Unmaking of an Anthropological Myth* (Cambridge: Harvard University Press, 1983) による Margaret Mead, *Coming of Age in Samoa: A Psychological Study of Primitive Youth for Western Civilisation* (New York: Willian Morrow, 1928) への批判を参照。
3) ヘレン・フィッシャー『愛はなぜ終わるのか―結婚・不倫・離婚の自然史』（吉田利子訳）（草思社、1993年）、3、4章。
4) 同書、12章。
5) 同書、141-146頁、ヘレン・フィッシャー『結婚の起源―女と男の関係の人類学』（伊沢紘生・熊田清子訳）（どうぶつ社、1983年）、115-116頁、同『女の直感が男社会を覆す―恋愛、家族はどう変わるか（下）』（吉田利子訳）（草思社、2000年）、187-188頁。
6) フィッシャー『結婚の起源』、112-114頁。
7) フィッシャー『愛はなぜ終わるのか』、84-88頁。
8) 同書、93頁。
9) クリストファー・ライアン＆カシルダ・ジェタ『性の進化論―女性のオルガスムは、なぜ霊長類にだけ発達したか？』（山本規雄訳）（作品社、2014年）、18頁。
10) 同書、50頁。
11) 同書、69-70頁。
12) 同書、148-149頁。

13) 同書、138-139頁。
14) フィッシャー『愛はなぜ終わるのか』、141-144頁。
15) 同書、144-145頁、フィッシャー『女の直感が男社会を覆す』、197-198、207頁。
16) フィッシャー『愛はなぜ終わるのか』、83頁。
17) 同書、87-88頁。
18) 同書、106-111頁、フィッシャー『女の直感が男社会を覆す』、206頁。
19) フィッシャー『愛はなぜ終わるのか』、146-147、150-151頁。
20) ライアン、107-114頁。
21) 同書、150-154頁。ライアンらによれば、こうした生殖に結びつかないセックスの機能を理解すれば、しばしば不自然なものとして非難される同性愛も、関係強化の手段の一つと見做す限りにおいて「説明に困るようなものではない」(154頁)。
22) 同書、126頁。
23) 同書、139-140頁。
24) 同書、152頁。
25) 同書、132-136頁。
26) 同書、158頁。
27) 同書、186-194頁。
28) フィッシャー『愛はなぜ終わるのか』、3頁。
29) ライアン、167-182頁。
30) フィッシャー『愛はなぜ終わるのか』、173-174頁。
31) 同書、174-175頁。
32) 1974年に人類学者のドナルド・ジョハンソンらがエチオピアのハダールでアウストラロピテクス・アファレンシスの女性の骨を発見し、その女性はビートルズの「ルーシー・イン・ザ・スカイ・ウィズ・ダイヤモンド」の歌にちなんでルーシーと名付けられた。
33) フィッシャー『愛はなぜ終わるのか』、180-182頁。
34) ライアン、351-352頁。
35) 同書、330、340-341、343頁。
36) 同書、393-402頁。
37) 同書、323-326、332-335頁。
38) フィッシャー『愛はなぜ終わるのか』、89、149頁。
39) ライアン、18-26頁。
40) フィッシャー『愛はなぜ終わるのか』、265-266頁。
41) 同書、272-273、277-278、280頁。
42) ライアン、20-29頁。

43）同書、226頁。
44）フィッシャー『愛はなぜ終わるのか』、304頁。
45）同書、281-282、288頁。引用中の〔　〕内は筆者による補足である。
46）ライアン、226、273頁。
47）同書、20、466頁。
48）フィッシャー『愛はなぜ終わるのか』、282-283頁。
49）フィッシャー『女の直感が男社会を覆す』、209-211頁。
50）フィッシャー『愛はなぜ終わるのか』、292-293、304頁。
51）同書、289-290頁。
52）同書、281、296-297、305頁。
53）ライアン、449頁。
54）同書、162頁。
55）同書、458-463頁。
56）フィッシャーは、先史時代に共同体による子育てが存在したことを認めており、孤立した核家族のみでの養育を自明視しているわけではない（『愛はなぜ終わるのか』、152頁）が、すくなくとも逐次的に一夫一妻のペアを形成している間、つまり子が成長して共同体に迎え入れられるまでは、核家族を子の養育の単位として重視している。

第Ⅱ部

◆

高齢者ケアと権利擁護

第Ⅴ章　高齢者の権利擁護と地域包括支援体制

(黒田研二)

はじめに

　超高齢社会を支えるシステムにおいて高齢者の人権が尊重されるべきはいうまでもない。高齢者の人権を考えるとき、憲法が定める基本的人権の保障が大前提となる。なかでも「幸福追求権」と「生存権」、すなわち憲法第13条の「個人として尊重される権利、生命、自由および幸福追求に対する権利」、および第25条の「健康で文化的な最低限度の生活を営む権利」の実現が目標となる。

　社会福祉法は「福祉サービスの基本理念」を次のように定めている。「福祉サービスは、個人の尊厳の保持を旨とし、その内容は、福祉サービスの利用者が心身ともに健やかに育成され、又はその有する能力に応じ自立した日常生活を営むことができるように支援するものとして、良質かつ適切なものでなければならない（社会福祉法第3条）」。

　「個人の尊厳の保持」とは何を意味しているのだろうか。個人として尊重され、生命、自由および幸福追求に対する権利が保障されていることこそが、個人の尊厳の保持であろう。高齢者が主体として、自分の人生、とくにその最後のステージの生き方を選択できるかどうか。誰しも、周囲の人々との人間関係の中でしか、生活の設計、人生の選択はできないものであるとしても、高齢者にもその主体を尊重しながら、生活の選択を可能にする社会システムが求められている。

　人生最後のステージでは、加齢にともなう精神および身体の機能の低下を誰しも避けることはできない。最近の疫学調査では認知症の症状を示す人は65歳

以上の人口の15％を占めることが示されている。しかも今後の人口高齢化とともにその割合は増加していく。心身の機能が低下すると、他者の支援を受けながら生活を送らざるをえなくなる局面をむかえる。支援がその人の尊厳を守るものであればいいが、逆に存在価値そのものを否定するような処遇を受けることもある。

　心身機能の低下があっても、個人として尊重され、生命、自由および幸福追求に対する権利が保障される社会をどのようにしてつくりあげていくか。そのために必要な権利擁護の仕組みおよび地域包括支援体制の実現にむけた課題を本論文では検討する[1]。高齢者虐待と呼ばれる権利侵害の事態を防止していくための取り組みの現状をまずみてみよう。次に認知症などで自分の力だけで生活場面での決定ができなくなった場合の支援の仕組みである日常生活自立支援事業と成年後見制度について検討する。

第1節　高齢者虐待の現状とその防止の課題

　高齢者虐待の防止、高齢者の養護者に対する支援等に関する法律（以下、高齢者虐待防止法）は、相談・通報窓口の設置や虐待事例への対応の責任の所在を市町村に置いている。また、介護保険法は、市町村が実施する地域支援事業の中に権利擁護業務すなわち「被保険者に対する虐待の防止、その早期発見、その他被保険者の権利擁護のため必要な援助を行う事業」を定めている。その実施の拠点となる市町村の高齢者虐待担当部局と地域包括支援センターは、虐待防止システムの中核となって、地域の関係機関、関係者とのネットワークを築き、高齢者虐待の防止と虐待事例の解決にあたる体制を築くことが求められる。

　厚生労働省は毎年「高齢者虐待の防止、高齢者の養護者に対する支援等に関する法律に基づく対応状況等に関する調査結果」を取りまとめて公表している[2]。それらをもとに、高齢者虐待の実態の推移（2006〜2014年度）を表1にまとめた。8年間の推移とともに、2014年度の調査結果を中心に、高齢者虐待

第Ⅴ章 高齢者の権利擁護と地域包括支援体制

表1 高齢者虐待に関する全国調査の結果の推移

年度	2006	2007	2008	2009	2010	2011	2012	2013	2014
要介護施設従事者等による高齢者虐待									
相談・通報件数	273	379	451	408	506	687	736	962	1,120
高齢者虐待認知件数	54	62	70	76	96	151	155	221	300
養護者による高齢者虐待									
相談・通報件数	18,390	19,971	21,692	23,404	25,315	25,636	23,843	25,310	25,791
高齢者虐待認知件数	12,569	13,273	14,889	15,615	16,668	16,599	15,202	15,731	15,739
身体的虐待	63.7%	63.7%	63.6%	63.5%	63.4%	64.5%	65.0%	65.3%	66.9%
心理的虐待	35.9%	38.3%	38.0%	38.2%	39.0%	37.4%	40.4%	41.9%	42.1%
介護等放棄	29.5%	28.0%	27.0%	25.5%	25.6%	24.8%	23.4%	22.3%	22.1%
経済的虐待	27.1%	25.8%	25.7%	26.1%	25.5%	25.0%	23.5%	21.6%	20.9%
性的虐待	0.6%	0.7%	0.7%	0.6%	0.6%	0.5%	0.5%	0.5%	0.5%
分離保護の割合	38.5%	35.5%	33.3%	33.2%	32.5%	35.4%	34.9%	34.3%	31.2%
息子からの虐待	38.5%	40.6%	40.2%	41.0%	42.6%	40.7%	41.6%	41.0%	40.3%
夫からの虐待	14.7%	15.8%	17.3%	17.7%	16.9%	17.5%	18.3%	19.2%	19.6%
娘からの虐待	14.5%	15.0%	15.1%	15.2%	15.6%	16.5%	16.1%	16.4%	17.1%
息子の配偶者からの虐待	10.7%	9.9%	8.5%	7.8%	7.2%	6.7%	5.9%	5.7%	5.2%
市町村における体制整備									
早期発見・見守りネットワーク	38.6%	54.9%	62.1%	67.0%	70.1%	69.3%	72.2%	73.4%	72.9%
保健医療福祉ネットワーク	23.6%	38.5%	44.1%	48.9%	50.1%	49.4%	50.4%	50.0%	49.2%
関係専門機関ネットワーク	19.6%	37.3%	41.1%	46.2%	48.1%	48.5%	48.9%	50.4%	48.7%

出典：厚生労働省「高齢者虐待の防止、高齢者の養護者に対する支援等に関する法律に基づく対応状況等に関する調査結果」(各年度) を基に筆者作成

の現状と課題を考えていく。

　高齢者虐待防止法は、施設や在宅サービスの従事者（「要介護施設従事者等」と呼ばれる）による虐待と、高齢者の世話をしている家族、親族、同居人等（「養護者」と呼ばれる）の虐待のそれぞれに対する対応を定めており、統計もこの2つのカテゴリーに分けてまとめられている。

　要介護施設従事者等による虐待は、養護者による虐待に比べると相談・通報の数は少ないものの、虐待と認知された件数の増加が著しい。表には示していないが、虐待の発生は、施設・事業所の種別では、2014年度の調査結果をみると、特別養護老人ホーム、有料老人ホーム、グループホームおよび老人保健施設で全体の79％を占めている。虐待を行った職員は、性別では男が59％を占めている。介護職全体では女性が多いことを考慮すると、加害者に男性の割合が

多いことが目立つ。虐待の種別の割合（複数回答）は、最も多い「身体的虐待」が64％、次いで「心理的虐待」43％、「経済的虐待」17％の順である。虐待の発生要因としてあげられているのは「教育・知識・介護技術等に関する問題」が63％、「職員のストレスや感情コントロールの問題」20％（複数回答）である。施設職員の研修（介護の知識・技術やストレス対処法の習得）にさらに力を注いでいかなければならない。

養護者による虐待については、相談・通報件数、虐待認知件数のいずれもはじめの4年間に増加傾向を示し、その後は横ばいを示している。養護者による高齢者虐待の相談・通報者（複数回答）は「介護支援専門員等」が30％で最も多く、次いで「警察」15％、「家族・親族」10％、「被虐待高齢者本人」9％であった（2014年度）。虐待の種別の割合（複数回答）では、最も多いのは「身体的虐待」で67％、次いで「心理的虐待」42％、「介護等放棄」「経済的虐待」はいずれも2割強を占めている。

被虐待者を養護者から分離保護した割合は、毎年度3割を超えている。分離保護は、契約による介護保険サービスの利用、医療機関への一時入院、老人福祉法が定めるやむを得ない事由等による措置による入所といった種々の方法で行われている。虐待をより軽微な段階で発見し介入することで、この分離保護の割合を減らしていくことが望まれる。

養護者のなかでも虐待を行う者は「息子」が一番多く、次いで「夫」で、両者で全体の約6割を占めており、その割合は8年間で増加している。世帯構成では「未婚の子と同一世帯」が最も多く、未婚の息子からの虐待が多いことが窺われる。息子による虐待の背景には、失業あるいはアルコール依存症・精神障害など精神保健上の課題が潜んでいることが多い。失業問題の背景には息子が不況下で解雇されたり介護の手間のために仕事を継続できなくなる場合や、もともと定職に就いていない場合がある。そうした事例の支援の介入では、精神保健、障害福祉、就労支援、生活困窮者支援など分野横断的な協働が必要となる。

市町村の担当課と地域包括支援センターは協働して高齢者虐待に関する相

談・通報の受理、それに続く実態調査、関係者による情報共有と支援介入計画の作成、支援の実施とその評価といった一連の支援プロセスを担うことが必要である。地域における早期発見や介入支援のためのネットワークが確立されていなければ有効な支援を行うことは難しい。虐待に対応する市町村の体制整備のうち、虐待に対処していくためのネットワーク構築の現状をみてみよう。ネットワークは、（1）地域包括支援センターが民生委員や地域住民組織などと連携する虐待の「早期発見・見守りネットワーク」、（2）保健医療福祉の提供機関や事業者も関与し、有効な介入を行うための「保健医療福祉サービス介入支援ネットワーク」、さらに、（3）市町村と弁護士会・社会福祉士会が契約を結んだり、保健所等の精神保健専門職などと連携し、必要に応じて専門家の支援を保証する「関係専門機関介入ネットワーク」という3層のネットワーク構築が必要である。これらのネットワーク構築への取組みは、「早期発見・見守りネットワーク」については7割強で実施されているものの、残り2つのネットワークを作っている市町村の割合はいまだ半数に留まっている。虐待の早期発見のためにも、また個別ケースへの的確な対応を行うためにも、地域におけるネットワークの確立が急がれる。虐待の背景には虐待をしている人の失業問題や精神保健上の問題が潜んでいることや、その支援介入では精神保健、障害福祉、就労支援、生活困窮者支援など分野横断的な協働が必要となることを前述した。そのためには、行政の高齢者福祉部門と他機関、他団体との連携のみならず、行政内部で分野横断的な連携体制を作りだすことも必要である。

　また、高齢者虐待防止法では、他者による介護等の放棄・放任は介入支援の対象としているが、セルフネグレクトと呼ばれる状態、すなわちセルフケアの能力を失って日常生活の維持に必要な行為を自分で遂行できなくなり、生活破綻に陥った人の支援には言及していない。一人暮らし高齢者が増えていく今後の社会では、セルフネグレクト状態に陥る人が増えていくことが見込まれる。セルフネグレクトの早期発見、介入支援と見守りができるネットワーク形成を虐待防止のネットワークと重ねて確立していくことも課題である。

　なお、2012年度の高齢者虐待防止法対応状況調査から、厚生労働省は市町村

の報告を求める際に個別の虐待事例データの収集を行うようになり、より詳しい調査結果が公表されるようになった。介護の必要度別に虐待の実態を調べることが可能となり、以下のような分析結果が示されている。養介護者等による虐待では、被虐待者の介護の必要度が高くなるほど介護等放棄の割合が多くなる傾向がある。逆に心理的虐待の割合は介護の必要度が低い人でその割合が多く、身体的虐待の割合は介護の必要度との相関がみられない。また、ネットワーク構築など体制整備の程度別に高齢者虐待への対応実績を調べると、体制整備が進んでいる市町村ほど、相談・通報件数、虐待と判断した件数が多い傾向がみられる。通報・相談件数は、虐待の実数を反映したものというより、虐待への対応準備性を反映したものである可能性が示唆されている。2011年度以降、虐待と判断した件数が横ばいとなっていることは、ネットワーク構築が進んでいないことが背景にある可能性がある。

第2節　日常生活自立支援事業の現状と課題

　日常生活自立支援事業（旧称、地域福祉権利擁護事業）は、社会福祉法を根拠とする事業で、認知症、知的障害、精神障害等のため判断能力が不十分な人を対象として、地域において自立した生活が送れるよう支援を行う事業である。支援内容は、福祉サービス、介護保険サービス等の利用援助、金銭管理や支払い手続きの代行をする金銭管理サービス、預金通帳・証書類の預かりサービスなどである。介護保険制度が発足するにあたり、そのサービス利用契約や利用料の支払いなどの能力が十分でない利用者を支援する必要があることから、1999年10月より地域福祉権利擁護事業の名称で開始された。2000年の社会福祉事業法の改正（法律の題名も社会福祉法に改称）において福祉サービス利用援助事業という名称で法定化された。地域福祉権利擁護事業は、2007年度より厚生労働省の要綱上で日常生活自立支援事業と名称変更されている。実施主体は都道府県および政令指定都市の社会福祉協議会で、実際の支援は基幹的市町村社会福祉協議会に委託して実施されている。全国社会福祉協議会の取りまとめに

よると、全国の日常生活自立支援事業の実利用者数は制度発足後から毎年、直線的に増えており、2015年3月末時点で46,696人に達している[3]。

2015年3月末利用者のうち認知症高齢者が48％を占め、精神障害者、知的障害者がそれぞれ24％、22％を占めている。また、2014年度中の契約者のうち生活保護受給者が44％を占めている。利用者数の伸びは全国的にみて著しいが、全国社会福祉協議会が公表している2014年度末速報値[3]をもとに作成した表2に示すように、都道府県・指定都市別に人口あたりの利用契約数を調べると地域格差が非常に大きい。全国で人口10万人あたりの契約者数は36.7であるが、都道府県・指定都市別にみて、多いところは静岡県（128.7）、大阪市（115.6）、島根県（99.0）、滋賀県（94.7）などで、少ないところは千葉市（8.3）、さいたま市（9.7）、札幌市（11.9）、相模原市（14.5）などである。最高と最低で15倍もの差が見られる。

こうした利用格差をもたらす理由には、本事業の支援を必要とする対象者の人口あたりの率に地域差がある可能性があるが、それだけでは説明がつかないほど地域間の開きは大きい[4]。職員の配置数やこの事業を実施している基幹的社協の数が限定されているために、地域のニーズに対してサービス提供が追い付いていない可能性が高い。そこで表2には人口10万対職員数（この事業に従事する専門員数と生活支援員数を合わせた人数）、人口100万対基幹的社協数という指標を算出して載せている。これらの指標と人口あたり契約者数との相関（Spearman順位相関係数）を調べたところ、人口あたり職員数との間で0.533（n=67、$p < .001$）、基幹的社協数との間で、0.555（$p < .001$）と、比較的高い相関が認められた。すなわち、この事業を担う専門員、生活支援員の人口あたり配置数に差があり、その差が実績にも反映されている。毎年利用者数は増加しており、増大するニーズに対応できる人材の確保が、その財源の確保とあわせて課題である。

その他にも、関係機関にこの事業の周知ができているかどうか、関係機関との日ごろからのネットワークがつくられているかどうか、基幹的社協とこの事業を実施していない市町村社協との連携がうまくいっているかどうかといった

第Ⅱ部　高齢者ケアと権利擁護

表2　都道府県・指定都市別、日常生活自立支援事業の利用状況（平成26年度）

	人口（千人）	基幹的社協数	平成26年度末契約者数	うち認知症割合（％）	平成26年度契約数	うち生活保護受給者割合（％）	人口10万対契約者数	人口10万対職員数	人口100万対基幹的社協数
全国	127,083	1100	46,696	48.1	12,315	43.5	36.7	13.6	8.7
北海道	3,464	99	580	48.4	188	64.4	16.7	28.4	28.6
青森県	1,274	9	499	61.9	97	40.2	39.2	10.6	7.1
岩手県	1,284	10	923	35.9	134	42.5	71.9	15.3	7.8
宮城県	2,328	8	442	28.3	65	49.2	19.0	9.1	3.4
秋田県	1,037	7	315	75.6	92	47.8	30.4	16.2	6.8
山形県	1,131	19	641	50.9	220	39.1	56.7	19.6	16.8
福島県	1,935	7	373	45.3	106	42.5	19.3	10.3	3.6
茨城県	2,919	44	819	54.3	224	33.5	28.1	11.0	15.1
栃木県	1,980	13	940	54.5	254	35.8	47.5	15.1	6.6
群馬県	1,976	12	948	53.2	206	36.9	48.0	40.5	6.1
埼玉県	5,978	62	1,009	56.6	384	48.2	16.9	8.3	10.4
千葉県	5,235	38	879	57.1	309	39.5	16.8	15.3	7.3
東京都	13,390	60	3,375	64.7	1,055	31.4	25.2	9.3	4.5
神奈川県	3,214	30	659	50.1	206	52.9	20.5	4.9	9.3
新潟県	1,509	7	754	44.7	130	25.4	50.0	29.4	4.6
富山県	1,070	15	443	40.0	125	30.4	41.4	37.2	14.0
石川県	1,156	6	325	51.7	70	31.4	28.1	12.6	5.2
福井県	790	17	615	55.6	163	26.4	77.8	30.9	21.5
山梨県	841	11	471	34.8	216	20.4	56.0	12.4	13.1
長野県	2,109	26	1,264	35.2	353	26.9	59.9	15.4	12.3
静岡県	515	33	663	25.6	135	37.0	128.7	56.9	64.1
岐阜県	3,705	12	675	47.3	252	35.3	18.2	4.6	3.2
愛知県	5,195	20	920	43.7	224	24.6	17.7	7.4	3.9
三重県	1,825	15	1,426	39.8	418	30.4	78.1	25.3	8.2
滋賀県	1,416	19	1,341	34.8	244	22.1	94.7	11.0	13.4
京都府	1,191	25	677	41.7	193	39.9	56.8	30.4	21.0
大阪府	5,317	41	2,244	42.0	498	55.8	42.2	3.6	7.7
兵庫県	3,990	28	910	56.6	276	52.5	22.8	9.4	7.0
奈良県	1,376	1	335	44.5	139	51.8	24.3	16.4	0.7
和歌山県	971	30	571	40.5	105	39.0	58.8	20.0	30.9
鳥取県	574	3	206	43.2	219	47.0	35.9	22.5	5.2
島根県	697	19	690	30.3	139	28.8	99.0	58.1	27.3

第Ⅴ章 高齢者の権利擁護と地域包括支援体制

岡山県	1,218	25	412	37.6	137	17.5	33.8	22.8	20.5
広島県	1,645	22	892	41.8	214	33.6	54.2	20.2	13.4
山口県	1,408	19	977	47.8	200	34.5	69.4	17.5	13.5
徳島県	764	24	400	31.3	57	38.6	52.4	13.2	31.4
香川県	981	17	498	37.1	135	34.8	50.8	18.9	17.3
愛媛県	1,395	20	361	17.2	71	31.0	25.9	12.3	14.3
高知県	738	34	617	38.6	97	32.0	83.6	27.2	46.1
福岡県	2,628	3	896	50.1	393	46.3	34.1	13.6	1.1
佐賀県	835	5	346	46.2	67	34.3	41.4	12.3	6.0
長崎県	1,386	13	811	45.4	236	35.6	58.5	10.2	9.4
熊本県	1,059	1	558	43.2	126	26.2	52.7	37.8	0.9
大分県	1,171	19	738	56.1	188	38.8	63.0	15.0	16.2
宮崎県	1,114	26	763	35.5	168	41.7	68.5	16.7	23.3
鹿児島県	1,668	42	885	62.0	241	31.5	53.1	15.3	25.2
沖縄県	1,421	8	578	27.2	108	53.7	40.7	13.0	5.6
札幌市	1,936	1	230	57.0	30	70.0	11.9	15.3	0.5
仙台市	1,054	1	348	31.9	74	62.2	33.0	3.7	1.0
さいたま市	1,261	1	122	43.4	37	51.4	9.7	4.9	0.8
千葉市	962	1	80	63.8	15	60.0	8.3	5.0	1.0
川崎市	1,445	7	484	43.6	137	60.6	33.5	4.9	4.8
横浜市	3,722	18	617	55.3	169	66.9	16.7	1.9	4.8
相模原市	715	1	104	35.6	22	63.6	14.5	2.0	1.4
新潟市	804	1	298	48.3	57	45.6	37.1	25.3	1.2
静岡市	716	1	521	39.7	82	64.6	72.8	5.5	1.4
浜松市	810	1	194	56.2	59	59.3	24.0	13.8	1.2
名古屋市	2,260	1	1,026	49.8	257	57.2	45.4	22.1	0.4
京都市	1,419	11	718	49.0	263	72.2	50.6	42.7	7.8
大阪市	2,671	24	3,089	63.5	770	77.0	115.6	8.3	9.0
堺市	848	1	243	25.9	52	69.2	28.7	3.8	1.2
神戸市	1,551	1	603	73.0	146	67.1	38.9	10.1	0.6
岡山市	706	1	157	23.6	32	90.6	22.2	7.4	1.4
広島市	1,188	1	299	54.2	50	62.0	25.2	11.4	0.8
北九州市	977	1	289	59.9	64	50.0	29.6	4.1	1.0
福岡市	1,486	1	451	54.5	73	79.5	30.3	2.0	0.7
熊本市	735	1	159	50.9	49	44.9	21.6	8.0	1.4

出典:全国社会福祉協議会が公表している資料をもとに筆者が計算・作表した。人口は平成26年度推計値。都道府県人口は指定都市人口を除いたもの。

サービス提供側の要因によって、この事業の実績の地域間格差がもたらされていることが考えられる。

　全国の市区町村数1700余に対し、この事業を実施している基幹的社協数は2014年度で1100カ所であり、すべての市区町村社協で実施されているわけではない（大阪府ではすべての市区町村社協でこの事業を実施している）。実施する社協の数は増加してきているものの、全国的には実施していない市町村社協が3分の1を占めている。今後、この事業に対する財源の確保とともに、社会福祉協議会だけでなく市町村行政も責任をもつ事業として定着させていくことが必要である。

　市町村行政の関与という点に絡んで、濱畑芳和[5]の所論を紹介しておきたい。彼は社会福祉法における福祉サービス利用援助事業の規定と厚生労働省の日常生活自立支援事業の実施要綱上の規定を詳細に比較している。そして、日常生活自立支援事業が、認知症の人など判断能力が低下した人を支援するのにもかかわらず、支援の開始や支援計画の見直しにあたって利用契約を結ぶことのできる判断能力を要件としているのは論理矛盾だと指摘し、「法律上の福祉サービス利用援助事業の実施にあたっては、実施主体と利用者との関係は利用契約関係でなければならないと限定されるものとは解せられず、福祉の措置等の行政処分等により行うことを妨げないはずである。」と主張する。

　現状では、日常生活自立支援事業の対象者が、支援契約を結ぶ能力を喪失すれば成年後見制度に移行せざるを得ないが、生活保護受給者や低所得者の利用が多く成年後見人への報酬の支払いに制約があるため、成年後見制度に円滑に移行することが困難な場合も多い。また、誰が成年後見人の受任者になるかという問題もある。そのような場合、契約締結能力を失っても行政の措置として支援を継続できるようにすることは、施策上の選択肢として現実的ではないだろうか。ただし行政による措置を可能にするためには、市町村の関与を法制上も明確にしておく必要があるだろう。

第Ⅴ章　高齢者の権利擁護と地域包括支援体制

第3節　成年後見制度の現状と課題

　成年後見制度は民法の規定に基づき、認知症、知的障害、精神障害等によって物事を判断する能力が低下した人について、家庭裁判所が本人の権利や利益を守る成年後見人等（成年後見人、保佐人、補助人）を選任し、成年後見人等が本人の財産管理や身上監護の支援を行う制度である。高齢者虐待の防止や権利擁護のためにも、成年後見制度が普及し、機能することが求められている。裁判所から公表されている資料[6]をもとに、最近の動向を以下にまとめた（表3）。

　成年後見関係事件（後見開始、保佐開始、補助開始、任意後見監督人選任）の申立て件数は、毎年増加してきており、年間3万件を超えるに至っている。これらの申立てに対して、家庭裁判所の審判の結果、「容認」で終局したものが毎年90％以上を占めている。

　成年後見等の申立ては親族から出されることが多いが、身近に親族がいない認知症の人や高齢者虐待の事例などで親族からの申立てが不適切な場合、老人福祉法、障害者総合支援法、精神保健福祉法の規定により市町村長が成年後見制度の申立てを行うことができる。最近では市町村長による申立ての件数と割合の増加が著しい。しかし市町村によって、申立て件数や人口あたりの率にはかなりの開きが認められており[7]、必要な場合にその事務手続きが円滑に行われるように担当職員の研修が求められる。また、市町村にはその事務手順を明確にしておくことや、成年後見制度利用支援事業の予算を確保しておくことが必要である。

　成年後見人等に選任される人は、以前は配偶者・親・子・兄弟姉妹などの親族が半数以上を占めていた。しかし、親族以外の第三者が後見人等に選任される割合が急増しており、2012年に初めて半数を超え、2014年には65％を占めるに至っている。第三者後見人には、表3に示すように司法書士、弁護士、社会福祉士といった専門職の他、社会福祉協議会等の法人による後見、市民後見人

表3　成年後見等の申立て件数、親族以外の第三者後見人等の選任割合

		2008年	2009年	2010年	2011年	2012年	2013年	2014年
成年後見等の申立件数		26,459	27,397	30,079	31,402	34,689	34,548	34,373
うち市町村長の申立件数		1,876 (7.0％)	2,471 (9.0％)	3,108 (10.3％)	3,680 (11.7％)	4,543 (13.2％)	5,046 (14.7％)	5,592 (16.4％)
親族以外の第三者の選任割合		31.5％	36.5％	41.4％	44.4％	51.5％	57.8％	65.0％
弁護士		2,265	2,358	2,918	3,278	4,613	5,870	6,961
司法書士		2,837	3,517	4,460	4,872	6,382	7,295	8,716
社会福祉士		1,639	2,078	2,553	2,740	3,119	3,332	3,380
法人	社会福祉協議会	487	682	961	340	402	560	697
	その他の法人				782	877	959	1,139
知人	市民後見人	132	136	140	92	131	167	213
	その他個人				205	157	129	108
その他	行政書士	504	648	816	704	829	864	835
	税理士				74	71	81	64
	精神保健福祉士				15	21	22	17

出典：裁判所から公表されている資料5）を基に筆者作成

　なども含まれている。2011年以降、市民後見人、行政書士、税理士、精神保健福祉士といったさらに細分化されたカテゴリーが設けられて統計がとられている。親族の絆が希薄になり、第三者後見の必要性はますます高まっていくが専門職後見の対応のキャパシティは限られている。今後の増大するニーズに応えていくためには法人後見や一般市民から後見人を養成していくことが課題となっている[8]。

　成年後見制度の問題点として、申立て人がいない、管理すべき財産がない、申立ての際の費用や後見人の報酬が支払えないといった場合に、成年後見制度の利用に結びつき難いことが指摘されている[8]。低所得者であっても成年後見制度を利用できるようにすることが必要であり、制度運営に関して今後の改善が求められる。一方、先に見たように、日常生活自立支援事業は、生活保護受給者を含む低所得者の利用がかなりの割合を占めている。そこで、日常生活自

立支援事業と成年後見制度の関係について整理しておこう。

　日常生活自立支援事業が、利用者ができる限り地域で自立した生活を継続していくために福祉サービスの利用援助やそれに付随した日常的な金銭管理等の援助を行うことが目的である事業であるのに対し、成年後見制度は、財産管理および身上監護に関する契約等の法律行為全般を行う制度である。日常生活自立支援事業は、実施主体との契約に基づいてサービスが開始されるのに対し、成年後見制度は審判の申立てに基づき家庭裁判所が後見人等の選任を行う。ただし日常生活自立支援事業においても、成年後見制度により成年後見人等が選任されている場合は、本人が判断能力を欠き利用契約を締結できなくても成年後見人等との間で利用契約を締結することで利用が可能であり、成年後見制度と日常生活自立支援事業とが機能を分担しながら判断能力が不十分な人を支援することも可能と説明されている[9]。しかし、実際には日常生活自立支援事業を利用していた人の判断能力が低下し、成年後見制度が適用されるようになった場合には日常生活自立支援事業は終了するのが一般的である[10]。

　成年後見制度では、民法による規定で裁判所が必要に応じて成年後見等監督人も選任して後見人等の監視と支援を行う仕組みとなっている。日常生活自立支援事業では、社会福祉法による規定で都道府県社協に第三者より構成される「運営監視委員会」を設置し、そこが基幹的社協による業務の監視を行うことにより事業の信頼性を確保している。

　日常生活自立支援事業を利用していた人が、判断能力が低下してきた場合に、成年後見制度に移行させることが必要になるが、その場合、四親等以内の申立てができる親族がいない場合には市町村長の申立てが行われる。成年後見制度の利用が開始されないと本人意思決定の代行や財産管理を行えない。また、施設入所が必要な状態であっても、その判断と手続きを行うものがいない状態となる。成年後見制度の利用を援助する事業は、介護保険制度では、地域支援事業（介護保険法で規定）、障害福祉サービスでは地域生活支援事業（障害者総合支援法で規定）において実施されている。

　このように、民法に規定された成年後見制度の利用を促進するために、市町

村のはたすべき役割が社会福祉関係の法規により定められているのだが、さらに、2011年の老人福祉法改正では「後見等に係る体制の整備等」の条文（第32条第2項）が追加され、市町村には、後見等の業務を適正に行うことができる人材の育成、家庭裁判所への推薦等の措置を講ずる努力義務が定められた。今後、市民後見人等の人材養成という点でも、行政の責任が問われることとなった。

　また、2016年通常国会において成年後見制度の利用の促進に関する施策を総合的かつ計画的に推進することを目的とする「成年後見制度の利用の促進に関する法律」が議員立法として提出され成立した。この法律は、基本理念として、ノーマライゼーション、自己決定権の尊重、身上の保護の重視の3点を掲げ、国の責務として、成年後見制度の利用の促進に関する施策を総合的に策定し実施すること、地方公共団体の責務として、国との連携を図りつつ、自主的かつ主体的にその地域の特性に応じた施策を策定し実施することを定めている。政府は「成年後見制度利用促進基本計画」を定めなければならない。そのため内閣府に成年後見制度利用促進会議を置き、必要な関係行政機関相互の調整も行う[11]。またそのための諮問機関として成年後見制度利用促進委員会を設置することとなる。

　上山泰は論文「日本における公的成年後見制度の導入について」[12]において、国もしくは市町村等自治体が後見人に就任する公後見人制度を「狭義の公的後見制度」、市町村等が後見人候補者の養成や活動支援など側面的に成年後見制度の運用支援を担うシステムを「広義の公的後見制度」と呼んで、そうした施策の必要性と制度構築にむけた課題点を論じている。

　「成年後見制度の利用の促進に関する法律」の成立がどのような施策によって公的成年後見制度の普及につながっていくのか、また基本理念を実現していくのか、今後の注視と検証が必要である。

第4節　地域包括支援体制について

　高齢者虐待を防止する取り組み、および関連する制度である日常生活自立支援事業および成年後見制度について現状と課題を考察し、これらの取り組み全体を方向づけるうえで、市町村行政の役割が重要となっていることをみてきた。これらの取り組みとそれに伴う支援は、地域包括支援体制（地域包括ケアシステム）の一環として、個々のニーズに応じて他の保健・医療・福祉サービスなどとともに包括的に提供できるような仕組みの創出が求められている。最後に、地域包括支援体制の実現にむけた課題を検討する。

　国の政策文書において、地域包括ケアシステムについて言及されたのは2003年6月に出された高齢者介護研究会報告書『2015年の高齢者介護～高齢者の尊厳を支えるケアの確立に向けて～』[13]が最初であった。この研究会は2005年の介護保険法改正にむけ、中長期的な高齢者介護のあり方について検討することを目的としていた。そこでは「地域包括ケアを確立するためには、在宅サービスの複合化・多機能化、新たな『住まい』の整備、施設における個別ケアの実現などとともに、介護と医療をはじめとする支援が継続的・包括的に提供される仕組みが必要」と述べている。同報告書の検討内容を基に2005年介護保険法が改正され、2006年4月から市町村に地域包括支援センターが創設された。ネットワーク形成と連絡調整のためのコーディネートを行う機能も、地域包括支援センターに期待されることとなった。

　介護保険法の次の大きな改正は6年後の2011年6月に行われたが、法改正に先立って2010年3月に出された『地域包括ケア研究会報告書』[14]に地域包括ケアの定義が書かれている。「地域包括ケアシステムは、ニーズに応じた住宅が提供されることを基本とした上で、生活上の安全・安心・健康を確保するために、医療や介護、予防のみならず、福祉サービスを含めた生活支援サービスが日常生活の場（日常生活圏域）で適切に提供できるような地域での体制」であり、「日常生活圏域は、おおむね30分以内に必要なサービスが提供される圏域

として、具体的には中学校区を基本とする」というものである。改正された介護保険法には、国および地方公共団体の努力義務として2つの条文が新たに付け加えられた。第1は、介護、予防、生活支援のサービスを医療、住まいに関する施策と連携させ包括的に推進することであり、第2は、認知症の予防、診断治療、介護に関する調査研究の推進と成果の活用、支援する人材の確保と資質向上を図ることである。今後の介護保険制度の展開で、地域包括ケアシステムの確立と認知症対策の推進が重要な柱だと認識されている。

　日常生活圏域で地域包括ケアの体制づくりを進める拠点として、地域包括支援センターの役割は重要なものとなっているが、次のような課題への対応が必要である。

　第1に、2004年の介護保険法改正に基づき、第6期介護保険事業計画の3年間（2015年度〜17年度）に、地域支援事業の再編と新たな事業に取り組むことが実施主体である市町村に要請されている。そのひとつが、要支援認定者が利用してきたこれまでの訪問介護と通所介護の給付サービスを、介護予防・日常生活支援総合事業の中の介護予防・生活支援サービス事業に移行させることである。こうした制度改定により、関連するケアマネジメントの業務量が増大することが予想される。地域包括支援センターは、包括的支援事業と呼ばれる業務を一括して行っているが、それらの業務に専念できる体制を整備しなければならない。地域包括支援センターが取り組む包括的支援業務には、介護予防に係るケアマネジメント（第1号介護予防支援事業）、総合相談支援業務、権利擁護業務、包括的・継続的ケアマネジメント支援業務等がある。保健師・看護師、社会福祉士、主任介護支援専門員の三職種が協働して包括的支援事業に専念できる体制を創り出していくことが望まれる。

　第2に、地域包括支援センター職員の相談支援の力量を高めることが必要である。地域包括支援センターの設置に責任をもつのは市町村であるが、社会福祉法人などに運営を委託しているところが多い。地域包括支援センター職員の退職や交代が激しく業務が長続きしないため、経験が浅い職員が業務にあたり、相談事例への対応等が困難になっている場合もある。市町村内に複数の地域包

括支援センターが設置されている場合、市町村全体で取り組むべき課題を明確にし、地域包括支援センター間での経験・対応力の格差を埋めながら、専門職の力量を共同で高めていくこと、市町村が責任をもって包括的支援事業の業務を方向づけていくことが求められる。

　第3に、地域包括支援センターは、地域の介護保険の施設や事業所、医療機関、さらには民生委員や地区福祉委員会など保健・医療・福祉の機関や団体とネットワークをつくり、協力しあえる関係を築いていなければ、包括的支援業務を展開することはできない。高齢者虐待防止の項で述べた、早期発見・見守り支援ネットワーク、保健医療福祉サービス介入支援ネットワーク、および関係専門機関介入ネットワークは、孤立した高齢者やセルフネグレクト状態にある高齢者の支援でも同様に必要なものであり、総合相談支援業務や権利擁護業務を展開するために必要なネットワークである。

　第4に、市町村は介護保険法に基づき地域包括支援センター運営協議会を設置しなければならないが、地域の関係機関、関係者に地域包括支援センター業務への理解を深めてもらい、業務の改善に結びつく組織にしていくことが重要である。諸機関・組織の代表者からなる運営協議会とは別に、より積極的に個々の事例にまで踏みこむような協議体（「地域ケア個別会議」と呼ばれている）の運営も必要である。多職種協働の事例検討会、高齢者虐待や支援困難事例などの組織的検討を、地域包括支援センターの業務に組み込んでいく必要がある。さらに、こうした検討会や協議体の議論を通じて、「地域ケア推進会議」の機能として、地域に欠けている社会資源を開発し、地域の保健・医療・福祉サービスを充実させていくことが追求されねばならない。市町村が策定するさまざまな行政計画（介護保険事業計画、障害福祉計画、地域福祉計画など）に検討内容を反映させることで、地域づくり・資源開発、政策形成といったことまでも追求する必要がある。

　ところでここまで述べてきた地域包括ケアシステムとは、介護保険制度の改革に関連して主に高齢者を対象として議論されてきたものである。これまでの施策は高齢者を対象として地域でのケアシステム構築という範囲に限定されて

いた。2015年度、厚生労働省は省内の部局を横断する「新たな福祉サービスのあり方検討プロジェクトチーム」を組織し、そこでの議論をまとめて、9月に「誰もが支え合う地域の構築に向けた福祉サービスの実現—新たな時代に対応した福祉の提供ビジョン—」[15]を発表した。この文書では、新しい地域包括支援体制の構築のために「全世代・全対象型地域包括支援体制」の実現が不可欠であると述べ、高齢者介護、障害者福祉、子育て支援、生活困窮者などの支援を別々に提供する方法のほかに、複数分野の支援を総合的に提供する方法を検討するとしている。そのために、2つの方向性を述べている。ひとつは支援対象が複合的ニーズを有する場合に、関係機関や関係者がサービスを総合的に提供できるような連携のシステムを構築することで、もうひとつは複合的福祉サービスを総合的に提供できる仕組みを作りだし、それを地域づくりの拠点としても機能させるというものである。

本論文で述べてきた高齢者虐待への対応も、日常生活自立支援事業や成年後見制度の推進も、高齢者に限定されたケアシステムの枠組みを超えなければ実現できないものである。この文書は「新しい地域包括支援体制は、地域をフィールドとした新しい街づくりを目指すものである」[15]と述べるが、新しい地域づくりのなかには、地方自治の一環として権利擁護の仕組みをビルトインしていくことが求められる。

むすび

高齢者の権利擁護においても、地域包括支援体制の推進においても、市町村等行政の役割が重要であることを述べたが、行政だけでこうした課題に対応できないことも自明である。地域包括ケアシステムの要素として住まい、医療、介護、予防、権利擁護を含む日常支援サービスという5つの要素を厚生労働省はあげるが、それ以外にも障害者施策、雇用・就労支援、公的扶助や生活困窮者支援などさまざま領域との架橋なしには、地域包括支援体制は成り立たない。さらに住民の理解と参加を抜きに、地域の「システムづくり」は進みえない。

第Ⅴ章　高齢者の権利擁護と地域包括支援体制

　こう考えてくると、地域包括支援体制とは、住民自身も参加してつくりだす日常生活圏域で機能しうるセイフティネットの形成そのものだといえるだろう。地域包括支援体制の議論では、さまざまなサービスの提供者を主体に議論されることが多いが、サービス提供側だけでなく、地域住民やケアを必要とする当事者の主体形成という点での議論も必要である。社会化されたケアシステムでは生活者としての当事者が主体でなければならない。地域住民の参加、当事者の参加を進めるとともに、その主体形成をどう図るか、こうした視点から地域包括支援体制の推進の方途を探る必要がある。

注と文献
1）本論文執筆にあたって以下の論文および著書を参考にした。
　　黒田研二（2013）「高齢者の人権について：権利を守るための仕組みと地域包括ケアを中心に」ヒューマンライツ（308）, 2-10
　　秋元美世、平田厚（2015）『社会福祉と権利擁護：人権のための理論と実践』有斐閣
2）厚生労働省は毎年度インターネットにて「高齢者虐待の防止、高齢者の養護者に対する支援等に関する法律に基づく対応状況等に関する調査」の結果を公表している。平成26年度の調査結果は、以下のURLからダウンロードできる。
　　http://www.mhlw.go.jp/stf/seisakunitsuite/bunya/0000113067.html
3）全国社会福祉協議会が日常生活自立支援事業の全国の実績をインターネットで公開している。2014（平成26）年度末速報値を参照した。
4）黒田研二（2006）「都道府県・指定都市別にみた地域福祉権利擁護事業の利用実績およびその関連要因」社会問題研究55（2）、31-34
5）濵畑芳和（2011）「福祉サービス利用援助事業の法構造」龍谷法学　43（3）、260-293
6）裁判所のURLから各年（度）の「成年後見関係事件の概況」をダウンロードできる。
　　http://www.courts.go.jp/about/siryo/kouken/
7）松下啓子（2012）「成年後見制度における市町村長申立ての現状と課題：大阪府下に焦点をあてて」社会福祉学53（1）、54-66
8）成年後見制度研究会（2010）「成年後見制度の現状と分析〜成年後見制度の更なる円滑な利用に向けて〜」http://www.minji-houmu.jp/download/seinen_kenkyuhoukoku.pdf
9）厚生労働省社会・援護局地域福祉課（2007）「福祉サービス利用援助事業について」
　　http://www.mhlw.go.jp/shingi/2007/11/dl/s1119-7e.pdf
10）筆者は大阪府社会福祉協議会の運営適正化委員会委員として、市町村社協による日常

第Ⅱ部　高齢者ケアと権利擁護

生活自立支援事業の取り組み実績を知る立場にあるが、この10年余りの間に、この事業と成年後見制度を併用している事例に出会ったことがない。
11) 内閣府に置かれる成年後見制度利用促進会議および成年後見制度利用促進委員会は「成年後見制度利用促進基本計画」の策定後に廃止され、その後は、厚生労働省において庶務が担われる成年後見制度利用促進会議および成年後見制度利用促進専門家会議に移行する。
12) 上山泰（2012）「日本における公的成年後見制度の導入について：ドイツの運用スキームを参考に」大原社会問題研究所雑誌（641），44-58
13) 高齢者介護研究会（2003）「2015年の高齢者介護～高齢者の尊厳を支えるケアの確立に向けて～」http：//www.mhlw.go.jp/topics/kaigo/kentou/15kourei/3.html
14) 地域包括ケア研究会（2010）「地域包括ケア研究会報告書」
https://www.kantei.go.jp/jp/singi/kinkyukoyou/suisinteam/TF/kaigo_dai1/siryou8.pdf
15) 厚生労働省　新たな福祉サービスのあり方検討プロジェクトチーム（2015）「誰もが支え合う地域の構築に向けた福祉サービスの実現—新たな時代に対応した福祉の提供ビジョン—」
http://www.mhlw.go.jp/file/05-Shingikai-12201000-Shakaiengokyokushougaihokenfukushibu-Kikakuka/bijon.pdf14）

第Ⅵ章　心身の負担から介護を考える

（涌井忠昭）

はじめに〜介護福祉士養成（教育）に携わって

　ここ数年、年末は恒例となった前任校の卒業生との交流会に出席するため、前任校の地へ帰る。卒業生達は皆、介護福祉士である。中には社会福祉士や介護支援専門員の資格を有する者もおり、ベテランとして介護現場で活躍している。参加している卒業生の1人は、昭和63（1988）年度から養成（教育）が始まった介護福祉士養成施設の1期生であり、現在は夫婦そろって介護業務に従事している。

　ここで介護福祉士について説明する。昭和62（1987）年に社会福祉士及び介護福祉士法（昭和62年法律第30号）が制定され、介護福祉士とは、社会福祉士及び介護福祉士法に基づく国家資格である。社会福祉士及び介護福祉士法第2条第2項では、介護福祉士を以下のように定義[1]している（当時）。

　「この法律において「介護福祉士」とは、第42条第1項の登録を受け、介護福祉士の名称を用いて、専門的知識及び技術をもつて、身体上又は精神上の障害があることにより日常生活を営むのに支障がある者につき入浴、排せつ、食事その他の介護を行い、並びにその者及びその介護者に対して介護に関する指導を行うこと（以下「介護等」という。）を業とする者をいう。」

　介護福祉士の法制化に至った理由として、西村[2]は次の3点を挙げている。
　①高齢化と福祉ニードへの専門的な対応が必要となったこと。
　②国際的な観点から、先進諸国に比べわが国の福祉専門職の養成が立ち後れていて、資格制度の確立が望まれたこと。

③シルバーサービスの動向から資格制度が必要とされたこと。

介護福祉士という「介護」の国家資格が誕生したのである。

介護福祉士の資格取得方法を大別すると、厚生労働大臣が指定した介護福祉士養成施設を卒業するか、3年以上介護業務に従事した者が介護福祉士の国家試験に合格するか、の2つの方法がある。

筆者は、平成元（1989）年4月から平成19（2007）年3月まで専任として、また、平成19（2007）年4月から平成23（2011）年3月まで兼担として計22年間、介護福祉士養成（教育）に携わった。主な担当科目は「レクリエーション演習」（当時）である（当時の厚生省が定める介護福祉士養成施設における授業科目名は「レクリエーション指導法」であった）。筆者は、介護福祉士養成（教育）に携わる前までは異なる分野を専攻していたため、介護や福祉は未知の分野であった。

介護福祉士養成（教育）に従事した最初の2年間、介護技術（当時）の授業を学生と一緒に受講し、介護技術担当教員の補助をした。今振り返ると、とても貴重な経験であった。また、介護実習における巡回指導では、特別養護老人ホームや、介護老人保健施設、身体障害者療護施設等を訪問したり、介護実習の一環である在宅実習（当時）では、実習生と一緒にホームヘルプサービス利用者宅を訪問したりして、介護や福祉の知識を積み重ねて行くとともに、介護現場の理解を深めていった。

介護福祉を学ぶ学生の心はやさしく、熱意が感じられた。学生には時に厳しい指導もしたが、素直に応えてくれた。厳しいながらもアットホームな雰囲気があり、教員と学生の間には信頼関係が築かれていたように思う。ここで、そのことを示すある卒業生の声[3]を紹介する。

「全国でも数少ない初年度認可校における2年間の学生生活は精神的にも身体的にもハードであったことを覚えている。それを乗り越えられたのも、先生方の教育に対する情熱・熱意、それに応えようとする学生との信頼関係に他ならないと考える。」

介護福祉士養成（教育）が始まった時は何もかもが初めてのことだったので

第Ⅵ章　心身の負担から介護を考える

（前任校では昭和58（1983）年度から独自にケアワーカーの養成を行っていた）、教員らは試行錯誤を繰り返しながら介護福祉士養成（教育）に奮闘した。当時のことが懐かしく思い出される。

　一方、後に詳述するが、平成元（1989）年から介護職員、介護福祉士養成施設の学生および訪問介護員等の心身の負担に関する研究に着手した。その当時、筆者は運動生理学を主専攻としていたことから、「介護職員の生体負担は一体どの程度なのか」といった疑問を抱いたのが研究を始めた理由である。一方、一生懸命に養成（教育）した卒業生が心身ともに健康に介護職に従事して欲しいという願いもあった。

　本稿では、わが国の課題である高齢者の介護に主眼を置き、高齢者を取り巻く社会の状況、高齢化社会を見据えた国の取り組み、特別養護老人ホームなどの介護現場および介護福祉士養成施設の現状を述べた後に、これまでに取り組んできた介護職員、介護福祉士養成施設の学生および訪問介護員の心身の負担から介護について考えてみたい。

第1節　高齢者を取り巻く社会の状況

1．平均寿命の延伸および高齢化率の伸展

　周知の通り、第2次世界大戦後、わが国の平均寿命は急速に延伸し、高齢者人口は著しく増加した。平成27年版厚生労働白書[4]によると、平成26（2014）年の平均寿命は、男性80.50年、女性86.83年であり、世界トップクラスの長寿国である。

　また、平成27年版高齢社会白書[5]によると、平成26（2014）年10月1日現在のわが国の65歳以上の高齢者人口は、過去最高の3,300万人（前年3,190万人）であり、総人口に占める割合（高齢化率）も26.0％（前年25.1％）と過去最高となった。わが国の高齢化率は、昭和45（1970）年に7％を超えて高齢化社会となり、平成6（1994）年には14％を超えて高齢社会へと突入した。前述の通

り、平成26（2014）年の高齢化率は26.0％であり、現在は超高齢社会となっている。

2．要介護高齢者の増加

　高齢者の増加に伴い要介護高齢者も増加している。介護保険制度がスタートした平成12（2000）年度に218万人[6]であった要介護・要支援者は、平成24（2012）年度には545.7万人[5]と2.5倍に増え、今後も増加することが予測される。

　ここで課題となることの1つが、平均寿命と健康寿命の差の期間である。健康寿命とは、日常生活を支障なく過ごすことができる期間のことである。平均寿命と健康寿命の差の期間は、個人によって程度は異なるであろうが、日常生活において何らかの支障が生じる期間となる。平均寿命と健康寿命の差の期間が長くなれば、医療費や介護給付費が増大する。平成27年版高齢社会白書[5]によると、平成25（2013）年現在、男性の平均寿命は80.21年、健康寿命は71.19年とその差は9.02年で、女性の平均寿命は86.61年、健康寿命は74.21年とその差は15.42年である。わが国では、健康寿命を延伸し、平均寿命と健康寿命の差の期間を減少させることが課題となっている。

　一方、高齢者が高齢者を介護するいわゆる「老老介護」も相当数存在し[5]、高齢である介護者の心身の負担はより大きなものとなっている。

第2節　高齢化社会を見据えた国の取り組み

1．高齢者保健福祉推進十か年戦略（高齢者福祉十か年ゴールドプラン）とその後の見直し

　21世紀におけるわが国の高齢化社会を見据えて、厚生省[7]（当時）は平成元年（1989）年12月に「21世紀の明るい長寿・福祉社会をめざして」と題して、「高齢者保健福祉推進十か年戦略（高齢者福祉十か年ゴールドプラン、以下、ゴールドプラン）」を策定した。ゴールドプランでは、平成2（1990）年度か

第Ⅵ章　心身の負担から介護を考える

ら平成11（1999）年度までの10年間に取り組む具体的課題として7項目が掲げられた。それは、①在宅福祉推進十か年事業、②ねたきり老人ゼロ作戦、③長寿社会福祉基金の設置、④施設対策推進十か年事業、⑤高齢者の生きがい対策の推進、⑥長寿科学研究推進十か年事業、⑦高齢者のための総合的な施設整備である。その7項目の中の在宅福祉推進十か年事業では、平成11（1999）年度までにホームヘルパー10万人（平成元（1989）年度31,405人）、ショートステイ5万床（平成元（1989）年度4,274床）、デイ・サービス1万か所（平成元（1989）年度1,080か所）および在宅介護支援センター1万か所（平成元（1989）年度0か所）の整備が掲げられた。また、施設対策推進十か年事業では、特別養護老人ホーム24万人（平成元（1989）年度16万2,019人）、老人保健施設28万床（平成元（1989）年度2万7,811床）、ケアハウス10万人（平成元（1989）年度200人）および過疎高齢者生活福祉センター（仮称）400か所（平成元（1989）年度0カ所）の整備が掲げられ、在宅福祉サービスおよび施設サービスにおける量の確保が急務となった。その後、全国の市町村が立案した高齢者保健福祉計画において、ゴールドプランの整備目標値を上回る整備が必要となったことから、ゴールドプランを全面的に見直し、平成6（1994）年12月に「新ゴールドプラン」[8]が策定され、平成7（1995）年度から実施された。新ゴールドプランでは、ホームヘルパーは10万人から17万人に増員され、寮母（当時は寮母という呼称が一般的であった）・介護職員は20万人と目標値が示された。新ゴールドプランでは、ホームヘルパーおよび寮母・介護職員の養成や確保が重要課題となった。新ゴールドプランは平成11（1999）年度末で終了し、平成12（2000）年度には「ゴールドプラン21」が策定され（平成16（2004）年度末までの5年間）、介護サービス基盤の整備および介護予防、生活支援を推進することにより、高齢者の尊厳を考慮した自立支援、高齢者の社会参加のできる社会の推進を図ることが目的とされた[2]。

2．介護保険制度

わが国ではこれまで、家庭内での高齢者の介護は、配偶者、子または子の配

偶者が行うことが多かった。しかし、核家族化の進行、平均寿命の延伸、要介護高齢者の増加、介護期間の長期化および介護費用の増大などから、平成12（2000）年4月に介護保険法が施行された。この制度は、介護を必要とする人の自立した生活を支援するために、これまでの家族による介護から、社会全体で支えるという理念に基づき、「介護の社会化」を目指した。国民が介護保険料を負担することで、介護を必要とする人は誰もが介護サービスを利用できるようになった。その後、介護サービスの急速な拡大に伴い、介護保険の費用が増大したことから、平成18（2006）年に制度改革が行われ、予防重視型へとシフトした。

第3節　介護現場および介護福祉士養成施設の現状

1．介護現場の現状

現在、特別養護老人ホームなどの多くの老人介護の現場では、介護職員の確保が困難な状況にあり、人材不足は深刻である。

介護職員の多くは、介護サービス利用者やその家族からの感謝の言葉を励みにやりがいを感じながら日々介護業務に従事している。しかし、仕事の内容（質と量）に見合う賃金でないとの理由から、離職者が後を絶たない。

内閣府[9]が行った調査によると、介護に対するイメージ（複数回答）は、「社会的に意義のある仕事（58.2％）」「やりがいのある仕事（29.0％）」「自分自身も成長できる仕事（18.0％）」といったプラスイメージがある一方、「夜勤などがあり、きつい仕事（65.1％）」「給与水準が低い仕事（54.3％）」「将来に不安がある仕事（12.5％）」といったマイナスイメージがあると報告している。介護労働安定センター[10]の報告によれば、介護職員（正規または非正規の介護職員および訪問介護員の合計）における1年間の離職率は16.5％であり、離職者の約74％は勤務年数が3年未満であったと報告しており、介護職員の定着が課題となっている。また、介護職員などの従業員の過不足感（大いに不足、不

第Ⅵ章　心身の負担から介護を考える

足およびやや不足の合計）は59.3％と、前年度と比較して2.8ポイント増加している。不足している理由は、「採用が困難である」が72.2％と、「離職率が高い」の17.0％を大幅に上回っている。採用が困難な理由の上位3位（複数回答）は、「賃金が低い（61.3％）」「仕事がきつい（身体的・精神的）（49.3％）」「社会的評価が低い（38.2％）」であった。介護サービス事業を運営する上での問題点の上位5位（複数回答）は（施設系および訪問系の全体）、「良質な人材の確保が難しい（53.9％）」「今の介護報酬では、人材の確保・定着のために十分な賃金を払えない（49.8％）」「経営（収支）が苦しく、労働条件や労働環境改善をしたくても出来ない（29.1％）」「指定介護サービス提供に関する書類作成が煩雑で、時間に追われている（28.5％）」「新規利用者の確保が難しい（28.0％）」であった。現在の仕事を選んだ理由の上位5位（複数回答）は、「働きがいのある仕事だと思ったから（52.6％）」「資格・技能が活かせるから（36.2％）」「今後もニーズが高まる仕事だから（35.3％）」「人や社会の役に立ちたいから（32.0％）」「お年寄りが好きだから（25.6％）」であった。労働条件等の不満の上位5位（複数回答）は、「人手が足りない（48.3％）」「仕事内容のわりに賃金が低い（42.3％）」「有給休暇がとりにくい（34.9％）」「身体的負担が大きい（腰痛や体力に不安がある）（30.4％）」「業務に対する社会的評価が低い（28.6％）」であった。なお、6位は「精神的にきつい（27.4％）」であった。早期離職防止や定着促進のための方策の上位3方策（複数回答）は、「労働時間（時間帯・総労働時間）の希望を聞いている（65.5％）」「職場内の仕事上のコミュニケーションの円滑を図っている（定期的なミーティング、意見交換会、チームケア等）（61.0％）」「賃金・労働時間等の労働条件（休暇をとりやすくすることも含める）を改善している（57.9％）」であった。また、直前の介護の仕事をやめた理由の上位5位（複数回答）は、「職場の人間関係に問題があったため（26.6％）」「法人や施設・事業所の理念や運営のあり方に不満があったため（22.7％）」「他に良い仕事・職場があったため（18.8％）」「収入が少なかったため（18.3％）」「自分の将来の見込みが立たなかったため（15.9％）」であった。

このような現状に対し国[11]は、介護人材確保に向けた好循環のための施策として、多様な人材の参入促進、資質の向上およびこれらの好循環を生み出すための環境の改善や、潜在的有資格者等（結婚や子育て等のために離職した介護福祉士）の再就業促進など、さまざまな対策を講じているが未だ先が見えない。

2．介護福祉士養成施設の現状

昭和63（1988）年度に介護福祉士の養成（教育）が開始された時の養成施設数は24課程（同一校内に2年課程や1年課程等を設置する学校もあることから課程数で示す）であり、専門学校や短期大学での養成（教育）が主であった。平成の時代に入ってからは社会の強い要請を受け、介護福祉士養成施設の課程数および入学定員数は年々増加していった（専門学校や短期大学に加え、4年制大学でも養成（教育）が行われるようになった）。しかし、介護福祉士養成施設の課程数は平成20（2008）年度の507課程[12]、入学定員数は平成18（2006）年度の26,855人[11]をピークに年々減少していった。介護福祉士養成施設の課程数および入学定員数が減少していったのは、前述した介護職に対するマイナスイメージや賃金などの待遇面が厳しいといったことが新聞等で報道されたことも影響を及ぼしていると推測される。

現在はどのような状況になっているのであろうか。公益社団法人介護福祉士養成施設協会が発行する「介養協News（27No.3）速報」[13]によると、平成27年度の介護福祉士養成施設の課程数は379課程で、入学定員数は17,769人であるが、入学者数は8,884人（離職者訓練を含め。なお、離職者訓練を除いた数値は7,258人）であり、充足率は離職者訓練を含めて50.0％、離職者訓練を除くと40.8％となっている（回答のあった養成施設のうち、募集停止校等を除いた集計結果。平成27年8月協会調べ暫定版）。平成20（2008）年度および平成18（2006）年度のピーク時と比較すると、介護福祉士養成施設の課程数および入学定員数は大幅に減少し、定員充足率も厳しい状況にある。なお、厚生労働省[10]の資料によると、離職者訓練とは、「国と都道府県が委託契約を結び都道府県が事業の実施主体となって、民間教育訓練機関や学校教育機関等の多様な

第Ⅵ章 心身の負担から介護を考える

訓練委託先を活用し、離職者の多様なニーズに応じた職業訓練を実施することにより、早期の就職を支援するもの」とされている。このような状況に対して公益社団法人介護福祉士養成施設協会は、「このような状況に鑑み、厚生労働大臣に対し介護福祉士修学資金貸付制度の拡充や離職者訓練制度の継続実施、教員及び介護福祉士の資質向上確保のための再教育の実施、専門学校に対する財政的支援、外国人留学生受け入れのための支援などの要望をしていくとともに、各都道府県の養成施設においても議会や知事に対し一斉に請願や要望書の提出を行うこと、養成施設への入学生の確保のため、養成施設が都道府県で行っている介護への理解と関心を深めるための啓発や講演、小中高校へ赴いてのモデル授業、資質の向上のための市民や介護従事者に対する公開講座など、介護人材確保・参入促進のための様々な事業についての効果の測定と新たな方策の検討などの議論がありました」と、公益社団法人介護福祉士養成施設協会が発行する「介養協News（27No.3）速報」[13]には記されている。

　今後もこのような状況が継続すれば、介護の人材不足に拍車がかかる。厚生労働省[14]は、2025年に向けた介護人材にかかる需要推計（確定値）を発表した。団塊の世代が75歳以上となる平成37（2025）年の介護人材の需要見込みは253.0万人であるが、現状推移シナリオによる介護人材の供給見込みは215.2万人となり、37.7万人の介護人材が不足すると推計している。

　介護人材の養成・確保は、待ったなしである。

第4節　介護職員、介護福祉士養成施設の学生および訪問介護員の心身の負担

1. 介護職員、介護福祉士養成施設の学生および訪問介護員等の心身の負担に関する研究に取り組んだ経緯

　前述したとおり、筆者は、平成元（1989）年から介護福祉士養成（教育）に従事してきた（平成23（2011）年3月まで）。介護実習（当時）における巡回

指導の際、特別養護老人ホームに勤務する介護職員から、「身体がきつい」「腰が痛い」といった声を何度も聞いた。そこで、介護職員の身体活動量や生体負担などに関する論文や報告書を探してみたが、筆者が探す限りにおいて昭和53（1978）年に松本ら[15]によって発表された論文しか見当たらなかった。介護福祉士の養成（教育）が昭和63（1988）年度から始まったことを考えると、介護職員の身体活動量や生体負担に関する研究は未開の領域であったのかもしれない。

ところで、松本ら[15]の論文では、介護職員（松本らの論文では「寮母」と記述）の労働負担は主として次の4項目からなると報告している（以下原文のまま。ただし、（1）～（4）を①～④に筆者改変）。

「①収容者の体の持ち上げ、移動のくり返しなど偏った作業内容からくる腰・背・肩・腕等への局所筋肉負担。
　②長い一連続作業時間、高い作業密度、福祉設備・作業・環境条件等の不備が上記の負担をいっそう増大している。
　③長時間夜勤労働からくる心身の負担。
　④対収容者との人間関係からくる精神的負担。

これらに対する予防対策が不十分な場合に、疲労の蓄積・慢性化が起こり、ついには疾病状態におちいるものと考えられる。したがって、予防対策としては、人員配置、労働時間、その他賃金体系等諸条件の「基準」を再検討することが、ぜひとも必要であろう。」

松本ら[15]の論文が発表された昭和53（1978）年と現在を比較すると、介護機器の導入や使用によって前述の②の福祉設備・作業・環境条件等の改善は進んできていると考えるが、それ以外の項目は今も変わらない。

2．介護労働の特徴

介護労働は腰痛を発症しやすい職業の1つとされている[16]。介護職員や訪問介護員の労働態様の特徴として以下の5点が挙げられる[17]。

①介護職員および訪問介護員は女性の比率が高い。

②介護現場では利用者を抱えたり、持ち上げたりする作業が多く、上肢のひねりも伴う。また、中腰などの作業姿勢も要求されることから、腰部にかかる負担が大きい。
③利用者に対する心遣いから介護機器の使用をためらったり、作業時間の短縮（例えば、移乗介助のためにリフトを使用する際、リフトを取りに行き、使用後は元の場所に戻すのに時間がかかる）から、介護機器の導入や使用による省力化が図られにくい。
④介護職員の勤務形態は日勤（早出や遅出などもある）および夜勤といった交替制勤務が多く、勤務および生活が不規則である（特別養護老人ホームなどでは2交替勤務が多い）。
⑤介護は対人サービスであることから、利用者やその家族との人間関係による精神的負担が大きい。

また、女性によっては介護労働に加え、家事や育児がさらに心身の負担を高めると考えられる。一方、男女を問わず、家族の中に要介護者がいる場合は介護労働に加え、家庭内での介護によって心身の負担をさらに高めるであろう。

3．介護職員および介護福祉士養成施設の学生の心身の負担

平成元（1989）年から介護職員、介護福祉士養成施設の学生および訪問介護員等の心身の負担に関する研究に取り組んできた[17-31]。研究を始めたきっかけは、特別養護老人ホームに勤務する介護職員の「身体がきつい」「腰が痛い」といった訴えからであった。前述したが、「介護職員の生体負担は一体どの程度なのか」といった疑問が研究を始めた理由であったが、介護職員の生体負担を明らかにして、介護現場における環境の整備や改善に資することができれば、卒業生や現場の介護職員は心身ともに健康に介護に従事できると考えたからでもある。

そこで、介護職員および介護福祉士養成施設の学生を対象として取り組んだ研究の一部を紹介する。なお、発表した当時の論文を基に記述した。

1) 日勤における入浴介助のある日と入浴介助のない日の身体活動量と
　　エネルギー消費量の比較[19]

　調査を行った当時、特別養護老人ホームにおける利用者の入浴日は1週間に2日であった。入浴介助のある日、介護職員は利用者を浴室まで移動したり、衣服の着脱、洗体などを分業して朝からあわただしく介護業務を行っていた。そのためか、介護職員は入浴介助のある日の方が「身体がきつい」と感じる者が少なくなかった。そこで、同一介護職員を対象に、日勤における入浴介助のある日と入浴介助のない日の身体活動量とエネルギー消費量を測定し、入浴介助のある日と入浴介助のない日を比較検討することを目的に調査を行った。

　対象は特別養護老人ホームに勤務する女性の介護職員8名で、平均経験年数は5.0年であった。なお、入浴介助のある日の対象者の業務内容は、利用者の移動が3名、浴室内での洗髪・洗体が2名、利用者の移乗および移動、着替えが2名、利用者の移乗および移動、着替え、リネン交換が1名であった。測定項目は、作業強度の指標として心拍数および推定最高心拍数に対する相対値、身体活動量の指標として歩数およびエネルギー消費量を測定した。なお、エネルギー消費量は測定者が対象者を追尾し、1分毎に記録した生活時間調査を基にエネルギー代謝率（RMR; relative metabolic rate）から算出した。

　調査の結果、休憩時間を除いた実労働時間は、入浴介助のある日は471±7分、入浴介助のない日は458±12分と、入浴介助のある日の方が長かった。平均心拍数は、入浴介助のある日は95±13拍／分、入浴介助のない日は93±10拍／分と、有意差はなかった。平均心拍数における推定最高心拍数に対する相対値は、入浴介助のある日は52.2±7.7%、入浴介助のない日は50.9±5.5%と、有意差はなかった。歩数は、入浴介助のある日は9,824±1,468歩、入浴介助のない日は11,669±3,220歩と、入浴介助のない日が高い値を示したが有意差はなかった。エネルギー消費量は、入浴介助のある日は1,024.3±138.3kcal、入浴介助のない日は939.3±134.8kcalと、入浴介助のある日の方が有意に高い値を示した。しかし、エネルギー消費量を体重および実労働時間（分）で除した、体重1kgあたり、1分間あたりのエネルギー消費量は、入浴介助のある

第Ⅵ章 心身の負担から介護を考える

日は0.039±0.003kcal／kg／分、入浴介助のない日は0.037±0.003kcal／kg／分と、有意差はなかった。

以上のことから、特別養護老人ホームに勤務する介護職員の日勤における入浴介助のある日と入浴介助のない日の身体活動量とエネルギー消費量は同様であることが明らかとなった。また、平均心拍数は保母[32]、事務職員[32]またはマーケット店員[33]より高い値を示し、介護職員[17]の値とほぼ同様であった。体重1kgあたり、1分間あたりのエネルギー消費量は、保母[32]よりわずかに低い値であった。

2）日勤と夜勤における身体活動量とエネルギー消費量の比較[24]

日勤における入浴介助のある日と入浴介助のない日の身体活動量とエネルギー消費量は同様であることが明らかとなったが、夜勤の身体活動量とエネルギー消費量はどの程度なのかという新たなテーマに対し、同一介護職員を対象に日勤（入浴介助のある日）と夜勤の調査を行った。なお、調査を行った特別養護老人ホームは、前述した1）の施設とは異なる施設であった。また、調査を行った特別養護老人ホームの勤務時間（休憩時間を含む）は、日勤9時間、夜勤16時間の2交替制勤務を基本としていた。

対象は特別養護老人ホームに勤務する女性の介護職員6名で、測定項目は、業務内容、作業姿勢、作業強度の指標として心拍数および推定最高心拍数に対する相対値、身体活動量の指標として歩数およびエネルギー消費量を測定した。なお、業務内容および作業姿勢は測定者が対象者を追尾し、業務内容および作業姿勢を1分毎に記録した。エネルギー消費量は、1分毎に記録した生活時間調査を基にエネルギー代謝率（RMR; relative metabolic rate）から算出した。なお、業務内容は、全国社会福祉協議会[34]が報告した「介護業務分類コード」を用いて分類した。介護業務分類コードは、大分類は12コード、中分類は48コード、小分類は147コードに分類されている。

調査の結果、休憩を除いた実労働時間は、日勤は465±34分、夜勤は827±24分と、夜勤が有意に高い値を示した。業務内容（大分類上位5業務）および実

労働時間に占める割合は、日勤は「身の回りの世話」が331±64分（71.4±15.4％）と最も高く、次いで「施設管理」57±46分（12.1±8.9％）、「入所者とのコミュニケーション」21±15分（4.7±3.3％）、「利用者の移動」18±11分（3.8±2.0％）、「管理の仕事」14±12分（2.9±2.3％）の順であった。夜勤では、「身の回りの世話」が433±49分（52.3±5.5％）が最も高く、次いで「その他」156±58分（19.0±7.3％）、「入所者とのコミュニケーション」89±29分（10.8±3.3％）、「施設管理」50±18分（6.0±2.2％）、「利用者の移動」27±9分（3.2±1.1％）であった。日勤と夜勤の業務内容（大分類上位5業務）を比較すると、「身の回りの世話」および「入所者とのコミュニケーション」の時間は夜勤が有意に高く、実労働時間に占める割合では、「身の回りの世話」は日勤が、「入所者とのコミュニケーション」は夜勤が有意に高い値を示した。作業姿勢および実労働時間に占める割合は、日勤は「立位」が300±47分（64.8±12.4％）と最も高く、次いで「歩行」148±58分（30.3±10.0％）、「座位」16±8分（3.4±1.6％）、「走行」1±2分（0.2±0.3％）の順であった。夜勤では、「立位」が367±48分（44.4±6.0％）と最も高く、次いで「歩行」285±49分（34.4±4.9％）、「座位」172±46分（20.8±5.9％）、「走行」3±3分（0.4±0.4％）の順であった。日勤と夜勤の作業姿勢を比較すると、座位、立位および歩行時間は夜勤が有意に高い値を示し、実労働時間に占める割合では、座位は夜勤が、立位は日勤が有意に高い値を示した。平均心拍数は、日勤は98±14拍／分、夜勤は93±13拍／分と、有意差はなかった。平均心拍数における推定最高心拍数に対する相対値は、日勤は54.7±7.8％、夜勤は52.0±6.1と、有意差はなかった。歩数は、日勤は12,927±286歩、夜勤は22,370±2,149歩と、夜勤が有意に高い値を示した。しかし、歩数を実労働時間（分）で除すと、日勤は1,657±265歩、夜勤は1,622±139歩と、有意差はなかった。エネルギー消費量は、日勤は1,041±249kcal、夜勤は1,663kcalと、夜勤が有意に高い値を示した。しかし、エネルギー消費量を体重（kg）および実労働時間（分）で除した、体重1kgあたり、1分間あたりのエネルギー消費量は、日勤は0.041±0.004kal／kg／分、夜勤は0.036±0.003kal／kg／分と、日勤が有意に高い

第Ⅵ章　心身の負担から介護を考える

値を示した。

　以上のことから、日勤と夜勤を比較すると、介護業務分類コードにおける大分類上位5業務および作業姿勢に違いが見られ、平均心拍数および実労働時間で除した歩数に有意差はなかった。しかし、エネルギー消費量を体重（kg）および実労働時間（分）で除した、体重1kgあたり、1分間あたりの平均エネルギー消費量は、日勤が有意に高いことが明らかとなった。また、日勤の平均心拍数は保母[32]、看護師[35]、事務職員[32]およびマーケット店員[33]より高い値を示し、涌井[18-19]および横関ら[36]が報告した介護職員の値とほぼ同様であった。日勤の歩数は、保母[32]および看護師[35]より多く、夜勤の歩数は看護師[35]（準夜勤と深夜勤の合計）より多かった。エネルギー消費量は、日勤は保母[32]および看護師[35]、夜勤時は看護師[35]（準夜勤と深夜勤の合計）より高い値を示した。しかし、横関[36]らが報告した介護職員の値（日勤1,787±534kcal、0.061±0.011kcal／kg／分）より低かった。横関ら[36]の研究では、エネルギー消費量を心拍数－酸素摂取量関係式から算出している。エネルギー代謝率（RMR; relative metabolic rate）からエネルギー消費量を算出した場合、過小評価すると報告[37]されていることから、横関ら[36]の結果より低い値を示したと推察される。

3）心拍数－酸素摂取量関係式を用いた日勤と夜勤におけるエネルギー消費量の測定[25]

　前述したように、エネルギー代謝率（RMR; relative metabolic rate）からエネルギー消費量を算出すると過小評価することから、心拍数－酸素摂取量関係式を用いて日勤と夜勤のエネルギー消費量を測定する実験を行った（横関ら[36]は夜勤の測定を行っていない）。なお、調査を行った特別養護老人ホームは、前述した1）および2）とは異なる施設であった。また、今回調査を行った特別養護老人ホームの勤務時間（休憩時間を含む）は、日勤9時間、夜勤15時間45分の2交替制勤務を基本としていた。

　対象は特別養護老人ホームに勤務する女性の介護職員9名で、日勤のみの測

定が3名、夜勤のみの測定が3名、日勤と夜勤の両方の測定が3名であった。なお、日勤の測定日は普通浴の日であった（今回調査した施設では、介助を必要とする利用者を対象とした特殊入浴の日（週に2日）と、特殊入浴とは別の日に介助を必要としない利用者が入浴する普通浴の日（週に2日）があった）。測定項目は、業務内容、作業姿勢、作業強度の指標として心拍数および推定最高心拍数に対する相対値、身体活動量の指標として歩数およびエネルギー消費量を測定した。なお、業務内容および作業姿勢は測定者が対象者を追尾し、業務内容および作業姿勢を1分毎に記録した。エネルギー消費量は、心拍数－酸素摂取量関係式を用いて算出した。心拍数－酸素摂取量関係式は、対象者に10分間の座位安静を行わせた後に自転車エルゴメーターによる3段階の最大下運動を計12分間負荷し、心拍数と酸素摂取量を測定して、心拍数－酸素摂取量関係式を算出した。エネルギー消費量は、心拍数－酸素摂取量関係式を測定した日とは別の日に測定した日勤および夜勤時の心拍数をその対象者各々の心拍数－酸素摂取量関係式に代入して酸素摂取量を算出し、酸素1リットルを5kcalとして換算した。なお、業務内容は、前述した全国社会福祉協議会[34]が報告した「介護業務分類コード」を用いて分類した。

　測定の結果、休憩を除いた実労働時間は、日勤は543±3分、夜勤は946±4分と、夜勤が有意に高い値を示した。業務内容（大分類上位5業務）および実労働時間に占める割合は、日勤は「身の回りの世話」が293±27分（60.6±5.6％）と最も高く、次いで「施設管理」40±12分（8.3±2.6％）、「報告および連絡」31±7分（6.4±1.5％）、「利用者の移動」30±4分（6.3±0.8％）、「ミーティング・会議」25±4分（5.2±0.9％）の順であった。夜勤では、「身の回りの世話」が500±15分（61.3±1.8％）と最も高く、次いで「記録」102±21分（12.5±2.5％）、「入所者とのコミュニケーション」40±12分（4.9±1.5％）、「健康維持管理」36±21分（4.4±2.6％）、「施設管理」36±12分（4.4±1.5％）であった。日勤と夜勤の業務内容（大分類上位5業務）を比較すると、「身の回りの世話」の時間は夜勤が有意に高く、実労働時間に占める割合では、日勤の「施設管理」が有意に高い値を示した。作業姿勢および実労働時

第Ⅵ章　心身の負担から介護を考える

間に占める割合は、日勤は「立位」が270±31分（55.8±6.4％）と最も高く、次いで「歩行」168±30分（34.9±6.1％）、「座位」44±10分（9.0±2.1％）、「走行」1±3分（0.3±0.5％）の順であった。夜勤では、「立位」が417±38分（51.2±4.6％）と最も高く、次いで「歩行」263±22分（32.2±2.8％）、「座位」134±28分（16.4±3.4％）、「走行」2±2分（0.2±0.2％）の順であった。日勤と夜勤の作業姿勢を比較すると、座位、立位および歩行時間は夜勤が有意に高い値を示し、実労働時間に占める割合では、夜勤の座位が有意に高い値を示した。平均心拍数は、日勤は97±5拍／分、夜勤は89±5拍／分と、日勤が有意に高い値を示した。平均心拍数における推定最高心拍数に対する相対値は、日勤は55.7±2.8％、夜勤は53.0±3.0と、有意差はなかった。歩数は、日勤は10,294±1,906歩、夜勤は18,660±2,689歩と、夜勤が有意に高い値を示した。しかし、歩数を実労働時間（分）で除すと、日勤は1,277±233歩、夜勤は1,371±201歩と、有意差はなかった。エネルギー消費量は、日勤は1,239±89kcal、夜勤は2,218±306kcalと、夜勤が有意に高い値を示した。しかし、エネルギー消費量を体重（kg）および実労働時間（分）で除した、体重1kgあたり、1分間あたりの平均エネルギー消費量は、日勤は0.0473±0.0047kal／kg／分、夜勤は0.0497±0.0068kal／kg／分と、有意差はなかった。

以上のことから、日勤と夜勤を比較すると、介護業務分類コードにおける上位5業務および作業姿勢に違いが見られ、平均心拍数は日勤が有意に高い値を示したが、実労働時間（分）で除した歩数、体重（kg）および実労働時間（分）で除した、体重1kgあたり、1分間あたりのエネルギー消費量に有意差はないことが明らかとなった。また、日勤の平均心拍数は、保母[32]、看護師[35]、事務職員[32]およびマーケット店員[33]より高い値を示し、涌井[18-19,24]および横関ら[36]の報告した介護職員の値とほぼ同様であった。さらに、日勤の歩数は保母[32]および看護師[35]より多かった。エネルギー消費量は、日勤は保母[32]、夜勤時は看護師[35]（準夜勤と深夜勤の合計）より高い値を示した。しかし、横関[36]らが報告した介護職員の値（日勤：1,787±534kcal、0.061±0.011kcal/kg/分）より低かった。その理由としては、対象者の年齢、利用者のADL（日常生活

動作)、介護業務内容および特別養護老人ホームの構造の違いが影響を及ぼしたと推察される。

4）介護職員および介護福祉士養成施設の学生の腰痛の実態[28]

　介護労働は腰痛を発症しやすい職業の１つであることは先に述べた。藤村[16]は、特別養護老人ホームに勤務する介護職員の腰痛有訴率は77％と高く、これまでの腰痛調査と比較して港湾労働者と同様、最も腰痛有訴率が高い職場の１つであると報告している。また、藤村[16]は、腰痛は発症状況によって急性発症腰痛と慢性発症腰痛に大別され、特別養護老人ホームの介護職員の場合は急性発症が27.7％、慢性発症が63.7％と、慢性発症の腰痛が多いのが特徴としている。腰痛を発症しやすい要因として、次の３つが考えられる。①介護現場では利用者を抱えたり、持ち上げたりする作業が多く、上肢のひねりも伴う。また、中腰などの作業姿勢も要求されることから、腰部にかかる負担が大きい[17]。②介護は人の手で行うものという考え[38]や、③介護機器を導入すると作業効率が下がる[38]または使うと時間がかかりすぎる[39]ため、介護機器の導入や使用による省力化が図られにくい。例えば、移乗介助のためにリフトを使用する際、リフトが置かれている場所まで取りに行き、使用後はリフトを元の場所に戻すのに時間を要するため、使用しないことが多い。

　そこで、特別養護老人ホーム、介護老人保健施設および身体障害者療護施設に勤務する介護職員（以下、介護職員）、介護福祉を学んでいる介護福祉士養成校学生（以下、介護学生）、介護福祉を学んでいない学生（以下、他学科学生）を対象として腰痛の調査を行い、腰痛の実態を明らかにするとともに、対象者間の発症の違いを比較検討した。

　調査対象は、介護職員86名（男性18名、女性68名）、介護学生60名（２年次生、男性９名、女性51名）、他学科学生40名（２年次生、男性４名、女性36名）の計186名であった。調査内容は、基本属性、腰痛発症の有無、現在の腰痛の状態、最近１カ月間の腰痛の状態、最近の腰痛の程度、腰痛の原因、介護職員の場合は介護職従事後の腰痛の変化および最近１カ月間の治療状況であっ

第Ⅵ章　心身の負担から介護を考える

た。

　調査の結果、過去に腰痛を発症したことがある者は、介護職員80名（93.0％）、介護学生56名（93.3％）、他学科学生29名（72.5％）と、介護職員および介護学生が他学科学生より有意に高い値を示した。なお、介護職員において、介護職従事後に初めて腰痛を発症した者は52名（65.0％）で、その内22名（42.3％）が介護業務中に痛み出したと回答した。現在の腰痛の状態において、「痛い」と回答した者は、介護職員52名（60.5％）、介護学生25名（41.7％）、他学科学生13名（32.5％）と、介護職員および介護学生は他学科学生より有意に高い値を示した。最近1カ月間の腰痛の状態において、「いつも痛い」または「時々痛い」と回答した者は、介護職員71名（82.6％）、介護学生50名（83.3％）、他学科学生23名（57.5％）と、介護職員および介護学生は他学科学生より有意に高い値を示した。腰痛の原因において、介護職員および介護学生とも「人をかかえたため」と回答した者が最も多く、他学科学生は「仕事（授業）以外の原因（病気・スポーツなど）」が最も多かった。なお、介護職員において、介護職従事後の腰痛の変化を尋ねると、「だんだん悪くなっている」と回答した者は28名（35.0％）であり、「だんだん良くなっている」と回答した者は4名（5.0％）であった。最近の腰痛の程度は、「時々、欠勤しないと仕事が続かない」と回答した者は介護職員3名（3.8％）のみで、「時々休憩しないと仕事（勉強）が続かない」と回答した者は、介護職員9名（11.3％）、介護学生5名（8.9％）、他学科学生2名（6.9％）であった。最近1カ月間の治療状況において、「医師による治療を受けている」と回答した者は介護職員の6名（7.5％）のみであった。また、「針、灸、その他医師以外の治療を受けている」と回答した者は、介護職員15名（18.8％）、介護学生1名（1.8％）であり、他学科学生はいなかった。介護職員は何らかの治療を受けながら介護業務を行っていることが明らかとなった。

　以上のことから、藤村[16]の報告の通り、介護職員の腰痛発症率は高いことが明らかとなった。また、介護学生の腰痛発症率も高いことが分かった。腰痛の原因において、介護職員および介護学生とも「人をかかえたため」と回答する

者が多かった。徳田ら[40]は、介護機器（リフト）の利用は介護職員の身体的負担を軽減することができるが、介助に要する時間がかかること、また、利用に際しては広い空間を必要とすると報告している。また、冨岡ら[41]は、福祉用具（スライディングシート、介助用ヒップベルト）の利用は介護職員の負担を軽減するが、福祉用具を正しく使用すること、使用方法や姿勢の指導を行うこと、作業環境を整備することが、より有効な介護職員の負担軽減や作業関連性筋骨格系障害の予防に重要であると指摘している。介護機器の導入・利用により介護職員の負担（特に腰部）の軽減を図る必要があるが、作業効率が下がる[38]、使うと時間がかかりすぎる[39]、介護の基本は人の手で行うもの[38]、といった理由から積極的な導入・利用が図られていない。

　本調査において、介護職員の腰痛発症率は高く、何らかの治療を受けながら介護業務を行っていた。また、介護学生の腰痛発症率も高かった。したがって、介護職員の負担（特に腰部）を軽減するためには、積極的な介護機器の導入・利用が急務と考える。一方、介護に対する意識（介護の基本は人の手で）の改革も必要であろう。なぜなら、介護職員が心身ともに健康でなければ質の高い介護を行うことはできない。

5）ケアシステムの違いによる介護職員の疲労[31]

　平成14（2002）年より、全室個室のユニットケアの新型特別養護老人ホームの建設が国の方針として示された。ユニットケアとは、特別養護老人ホームにおいて居室をいくつかのグループに分けて1つの生活単位とし、少人数の家庭的な雰囲気の中でケアを行うもので、利用者の居室は個室を原則とし、10名程度の利用者で1つのユニットを構成するとされている[42]。ユニットケアは、これまでの大規模処遇から小規模処遇へと転換することにより、介護職員はゆとりをもって利用者と関わることができるようになるとされている[43]。一方、ユニットケアでは介護職員が単独で介護を行う場面が従来型の施設より多く、自分1人で考え行動しなければならないことが多い[44]。介護職員が単独で考え、行動しなければならないことが多くなると、その責任は重く、精神的負担は高

第Ⅵ章　心身の負担から介護を考える

くなると推測される。筆者ら[46]は、既存の特別養護老人ホームにおいて、いくつかの居室でユニットを構成して介護を行っている施設（以下、準ユニット型）と、従来型の介護を行っている施設（以下、従来型）の介護職員の疲労を調査したところ、勤務後の自覚症状しらべ[46-47]の訴え率パターンは、準ユニット型は精神作業型・夜勤型、従来型は一般型を示した。なお、自覚症状しらべ[46]とは、30項目の自覚症状から構成されており、3群に分類されている。Ⅰ群は「ねむけとだるさ」（10項目）、Ⅱ群は「注意集中の困難」（10項目）、Ⅲ群は「局在した身体違和感」とされている。各群の訴え率の順序パターン[47]については、Ⅰ＞Ⅲ＞Ⅱは「一般型」、Ⅰ＞Ⅱ＞Ⅲは「精神作業型・夜勤型」、Ⅲ＞Ⅰ＞Ⅱは「肉体作業型」とされている。一方、調査票の自由記述において、準ユニット型は「他のユニットの職員とぎくしゃくする」「同じ利用者、同じ介護職員ばかりでストレスが溜まる」等の回答を得た。このことから、ケアシステムの違いが介護職員の疲労の違いに影響を及ぼす可能性が示唆された。しかし、この調査では、個室を原則とするユニットケアを行っている施設の介護職員を対象としていない。そこで、個室を原則とするユニットケアを行っている施設（以下、ユニット型）を対象として、新たに調査を行った。

調査対象は、ユニット型（27名：男性4名、女性23名）、準ユニット型（35名：男性1名、女性34名）および従来型（26名：女性26名）各1施設に勤務する介護職員を対象に、対象者の属性、休憩時間、仕事に対する意識、仕事に対する満足度、自覚症状しらべ、蓄積的疲労徴候調査[48]および自由記述（現在のシステムにおいて良いと思うところ、悪いと思うところ）を調査した。なお、蓄積的疲労徴候調査[48]とは、81項目の質問項目から構成されており、「気力の減退」「一般的疲労感」「身体不調」「イライラの状態」「労働意欲の低下」「不安感」「抑うつ感（抑うつ状態）」「慢性疲労」の8特性に分類されている。

調査の結果、平均年齢は、ユニット型は41.8±14.8歳、準ユニット型は43.0±14.1歳、従来型は24.2±3.9歳と、ユニット型および準ユニット型が従来型より有意に高い値を示した。介護経験年数は、ユニット型は6.7±7.4年、準ユニット型は9.1±7.2年、従来型は4.9±3.0年と、準ユニット型が従来型より有

意に高い値を示した。普段の休憩時間で十分な休憩が取れていると思うかという問いに対して、従来型はユニット型より十分な休憩が取れていると回答した者が多かった。仕事に対する意識において、「仕事に自由度がある」では、ユニット型は準ユニット型より仕事に自由度があると回答する者が多かった。「じっくり落ち着いて仕事をしている」では、従来型は準ユニット型よりじっくり落ち着いて仕事をしていると回答した者が多かった。「いつも追われるように仕事をしている」では、準ユニット型はユニット型よりいつも追われるように仕事をしていると回答した者が多かった。「職場の雰囲気」および「職場での人間関係」では、3グループ間に違いは見られなかった。仕事における満足度（0〜100％）は、ユニット型は56.9±26.1％、準ユニットは61.9±14.8％、従来型は60.8±10.6％であり、3グループ間に有意差はなかった。自覚症状しらべでは、全体の訴え率は勤務前後とも3グループ間に有意差はなかった。しかし、訴え率パターンに特徴が見られた。ユニット型は勤務前後ともⅠ＞Ⅱ＞Ⅲの精神作業型・夜勤型を、準ユニット型は勤務前はⅠ＞Ⅲ＞Ⅱの一般型であったが、勤務後はⅠ＞Ⅱ＞Ⅲの精神作業型・夜勤型を示した。一方、従来型は勤務前後ともⅠ＞Ⅲ＞Ⅱの一般型を示した。蓄積的疲労徴候調査では、「一般的疲労感」は従来型は41.9±22.8％、準ユニット型は26.6±22.2％と、従来型が有意に高い値を示した。「慢性疲労」は従来型は55.8±31.1％、準ユニット型は31.1±32.4％と、従来型が有意に高い値を示した。その他の6特性は3グループ間に有意差はなかった。現在のケアシステムにおいて良いと思うところとして、ユニット型は「利用者を把握しやすく、変化を見つけやすい」「1人ひとりの利用者と深く関わることができる」「個別ケアができる」、準ユニット型は「利用者を把握しやすく、変化を見つけやすい」「利用者と密に接することで、利用者に安心感を与えることができる」「ユニット内の介護職員の連携が図られ、利用者の情報交換が十分に行える」、従来型は「多くの利用者と関わりがもてる」「利用者同士の交流が多い」「介護職員間の情報交換により、1人ひとりの状況を把握しているため、どの介護職員でも対応できる」であった。一方、現在のケアシステムにおいて悪いと思うところとして、ユニッ

第Ⅵ章　心身の負担から介護を考える

ト型は「主に入浴介助時の人手不足」「他のユニットの状況が分からず、孤立しやすい」「介護職員が少ないため、人間関係が狭まりストレスが溜まる」、準ユニット型は「他のユニットの状況や利用者が分からず、ユニット間のコミュニケーションが取りにくい」「他のユニットの介護職員との交流がない」「自分のユニットと他のユニットを比較し、自分のユニットだけが大変という意識をそれぞれのユニットが持ちすぎる」「自分のユニットのことばかり主張するため、介護職員間の関係が悪化し、連携や調和が取りにくい」、従来型は「時間に追われて介護が雑になり、利用者とゆっくり交流できない」「1人ひとりの利用者と深く関わることができない」「目が行き届かない」「流れ作業になってしまう」「個別ケアを行いにくい」などであった。

　以上のことから、仕事に対する意識においては、ユニット型および準ユニット型の特性を明確にすることはできなかった。また、休憩時間は従来型の方がユニット型より普段の休憩時間で十分な休憩がとれていると回答していた。自覚症状しらべの結果から、ユニット型および準ユニット型は精神的負担が高いことが明らかとなった。一方、蓄積的疲労徴候調査の結果から、従来型は準ユニット型より身体的疲労が高いことが明らかとなった。

　小規模処遇であるユニットケアの場合、介護職員はゆとりをもって利用者と関わることができるが[43]、単独で介護を行う場面が従来型の施設より多く、自分1人で考え行動しなければならないことが多い[44]。今回の調査における自由記述から、ユニット型および準ユニット型は従来型と比較してゆとりをもって介護業務に従事していたと推察されるが、従来型と比較して精神的負担が高いことが自覚症状しらべの結果から明らかとなった。また、身体的負担は従来型の方が高いことが明らかとなった。一方、自由記述から、ユニットケアにおける課題や問題点も明らかとなった。鈴木[49]は、ユニットケアでは、介護職員個人の責任の重さとともに介護職員個人の実践能力が問われ、さらなる自己研鑽と適切な上司のサポートが求められると報告している。今後はユニットケアにおける介護職員の精神的負担の軽減、介護実践力の向上および介護職員間のコミュニケーションを密にして課題や問題点の改善を図り、より質の高い介護を

147

実践していく必要があろう。

4）訪問介護員の心身の負担[20-21]

　高齢者の多くは住み慣れた家や地域で安心して暮らしていくことを望んでおり、その在宅生活を支援する在宅福祉サービスの充実が急務となっている。在宅福祉サービスにおいてホームヘルプサービス事業は、その基幹サービスとして位置づけられる。

　訪問介護員の多くは女性であり、業務内容も入浴や排泄等の介護、調理や洗濯等の家事援助および生活に関する相談援助等と多岐にわたることから、訪問介護員の心身の負担は高いと推測される。

　これまで、訪問介護員の実態調査は報告されているが、訪問介護員の業務および心身の負担に関する報告は筆者の知る限りにおいて見られないことから調査を行った。

　対象は常勤の女性訪問介護員7名で、平均経験年数は6.4±3.9年であった。測定項目は業務内容、作業姿勢、作業強度の指標として心拍数および推定最高心拍数に対する相対値、身体活動量の指標として歩数および自覚的疲労（急性疲労）の指標として自覚症状しらべ[46-47]を測定した。なお、業務内容および作業姿勢は、測定者が対象者を追尾し、1分毎の業務内容および作業姿勢を記録した。

　調査の結果、休憩時間を除いた実労働時間は466±13分であり、ホームヘルプサービス利用者宅への訪問時間（午前と午後の合計）は245±32分であった。業務内容は、家事援助が160±43分と最も多く、次いで訪問宅への移動82±23分、相談援助57±18分、その他の業務51±29分、報告および連絡49±39分、記録39±26分、介護28±30分であった。作業姿勢および実労働時間に占める割合は、「座位」231±37分（49.5±8.0％）、「立位」140±35分（30.2±7.6％）、「歩行」93±17分（19.9±3.2％）、「走行」2±4分（0.4±0.9％）であった。平均心拍数は99±12拍／分、平均心拍数における推定最高心拍数に対する相対値は55.9±6.8％であり、これまでに報告した介護職員の結果[17,19,24-25]とほぼ

第Ⅵ章　心身の負担から介護を考える

同様か高い値を示した。また、平均心拍数は保母[32]および看護師[35]より高い値を示した。実労働時間の約8割が座位および立位であったことから、歩数は4,289±1,135歩と低く、これまでに報告されている介護職員[17,19,24-25]、保母[32]（2～3歳児担当）および看護師[35]より低い値を示した。自覚症状しらべにおいて、勤務後の訴え率パターンは、Ⅰ＞Ⅱ＞Ⅲの精神作業型・夜勤型を示した。中本ら[50]は、家庭奉仕員94名と特別養護老人ホームに勤務する寮母60名を対象として自覚症状しらべを調査したところ、家庭奉仕員の訴え率は本研究と同様に精神作業型・夜勤型を示し、寮母は一般型を示したと報告している。心拍数は作業強度を表す指標とされているが、種々の要因によって変動し、特に精神的緊張は心拍数を増加させることが知られている[33]。

訪問介護員の平均歩数は4,289±1,135歩と、介護職員の平均歩数の約5割程度でしかなかったが、平均心拍数および推定最高心拍数に対する相対値は介護職員とほぼ同様か高い値を示した。また、自覚症状しらべの訴え率パターンは、勤務後に精神作業型・夜勤型を示した。これらの結果は、訪問時におけるホームヘルプサービス利用者やその家族などとの人間関係が訪問介護員の精神的緊張を高め、心拍数に影響（増加）を及ぼしたと推測される。特別養護老人ホームなどの施設では、介護職員は他の介護職員と連携を図りながら介護を行うが、訪問介護員の場合は基本、マンツーマンでの介護となる。そのため、「ひとり職場」と称される訪問介護員の業務は、身体的負担よりむしろ精神的負担が高く、特別養護老人ホームなどの施設に勤務する介護職員とは異なる特性を有することが示唆された。

おわりに

本稿では、わが国の課題である高齢者の介護に主眼を置き、高齢者を取り巻く社会の状況、高齢化社会を見据えた国の取り組み、特別養護老人ホームなどの介護の現場および介護福祉士養成（教育）の現状を述べた後に、筆者がこれまでに取り組んできた介護職員、介護福祉士養成施設の学生および訪問介護員

の心身の負担に関する研究の一部を紹介してきた。

　介護職員または訪問介護員の心身の負担は、対人サービスである保育士や看護師と同様に高く、腰痛の発症率も高いことが明らかとなった。

　一方、介護職員の多くは、介護という仕事に「やりがい」「働きがい」を感じ、「人の役に立ちたい」という熱い思いを抱きながら日夜介護業務に従事している。しかし、「賃金が低い」「身体的・精神的負担が大きい」「社会的評価が低い」といった不満が存在する。このことは、介護労働安定センター[10]が報告した採用が困難な理由とも合致する。介護職員の心身の負担を軽減するためには、勤務時における介護職員数の増員、実労働時間の短縮、介護機器の導入や使用の促進および介護に対する意識の変革が課題と考えられる。また、介護人材の確保では、賃金アップ、介護の専門性に対する社会的評価の向上、定着率の向上および介護福祉士養成施設の定員充足が課題と考えられる。

　介護職員のやりがいや働きがいがいつまでも続き、また、心身の負担が軽減され、さらに、経済的にも安定した仕事となるよう、財源の確保や介護人材の養成・確保に対してこれまで以上に真剣に取り組まなければならない時期に来ている。

　繰り返すが、わが国における介護人材の養成・確保は待ったなしである。

文献

1）厚生省社会局庶務課監.（財）社会）福祉振興・試験センター編. 社会福祉士・介護福祉士関係法令通知集. 東京：第一法規. 1988；3.
2）西村洋子. 介護福祉論. 東京：誠信書房. 2005；60、91.
3）佐々木好子. Ⅵ認知症高齢者とその家族とともに歩む. 西村洋子、太田貞司編著. 介護福祉教育の展望―カリキュラム改正に臨み―. 東京：光生館. 2008；70-71.
4）厚生労働省編. 平成27年版厚生労働白書. 東京：日経印刷. 2015；36.
5）内閣府編. 平成27年版高齢社会白書. 東京：日経印刷. 2015；2-29.
6）厚生労働省編. 平成23年版厚生労働白書. 東京：日経印刷. 2011；93.
7）厚生省. 高齢者保健福祉推進十か年戦略（高齢者福祉十か年ゴールドプラン）. 東京：厚生省. 1989.
8）厚生省. 厚生白書（平成8年版）. 東京：ぎょうせい. 1996；484-488.

第Ⅵ章　心身の負担から介護を考える

9）内閣府．介護保険制度に関する世論調査．survey.gov-online.go.jp/h22/h22-kaigohoken/index.html（2016年3月30日アクセス可能）
10）介護労働安定センター．介護労働の現状について　平成26年度介護労働実態調査．www.kaigo-center.or.jp/report/h26_chousa_01.html（2016年3月30日アクセス可能）
11）厚生労働省．介護人材の確保について．www.mhlw.go.jp/file/05-shingikai.../0000062879.pdf（2016年3月30日アクセス可能）
12）毎日新聞（大阪夕刊）．2015年5月26日．
13）公益社団法人介護福祉士養成施設協会．介養協 News（27No.3）速報．2015．
14）厚生労働省．2025年に向けた介護人材にかかる需給推計（確定値）について．www.mhlw.go.jp/file/04.../270624houdou.pdf_2.pdf（2016年3月30日アクセス可能）
15）松本一彌、金沢和子、川森正夫．某特別養護老人ホームにおける寮母の労働負担と健康障害に関する調査研究．日本公衆衛生雑誌．1978；25（7）：379-392．
16）藤村隆．老人ホームにおける介護作業の問題点と腰痛対策．労働の科学．1995；50（9）：13-16．
17）涌井忠昭．介護労働者の身体活動量、生体負担およびエネルギー消費量．人間生活科学研究．2000；37(1)：11-13．
18）涌井忠昭．寮母の介護業務時における身体活動量ならびにエネルギー消費量に関する基礎的研究．宇部短期大学特別研究報告．1990；2：28-32．
19）涌井忠昭．寮母の日勤業務時における身体活動量とエネルギー消費量—入浴介助のある日と入浴介助のない日の比較—．宇部短期大学学術報告．1991；28：149-153．
20）涌井忠昭．ホームヘルパーの疲労．保健の科学．1995；37（4）：231-235．
21）涌井忠昭．ホームヘルパーの業務分析と生体負担—労働科学の観点から—．介護福祉教育．1996；2（1）：30-33．
22）涌井忠昭、横山正博．ホームヘルパー養成の現場から．保健の科学．1996；38（5）：313-320．
23）涌井忠昭．介護実習時における学生の疲労．介護福祉教育．1999；4（1）：18-21．
24）WAKUI T. Study on Work Load of Matrons under Shift Work in a Special Nursing Home for the Elderly. Industrial Health. 2000；38：280-288.
25）WAKUI T, SHIRONO S, TAKAHASHI S, FUJIMURA T, HARADA N. Physical Activity, Energy Expenditure and Work Intensity of Care-Workers on Shift Work in a Special Nursing Home for the Elderly. Journal of Occupational Health. 2002；44：8-14.
26）涌井忠昭、原田規章．在宅介護者の健康状況と疲労．人間生活科学研究．2002；38（1）：39-42．
27）涌井忠昭．老人介護業務に従事する介護福祉士養成校卒業生の健康状況と疲労．介護

福祉教育．2003；8（2）：86-90．
28) 涌井忠昭，原田規章．介護福祉士養成校学生の腰痛の実態―介護職員および介護実習経験のない学生との比較―．人間生活科学研究．2007；43：33-37．
29) 涌井忠昭，原田規章．介護職員の腰痛の実態および移乗回数との関連．人間生活科学研究．2011；47：1-6．
30) 涌井忠昭．介護問題の現状と課題．坂口正之、岡田忠克編．よくわかる社会保障第4版．京都：ミネルヴァ書房．2012；38-39．
31) 涌井忠昭．ケアシステムの異なる特別養護老人ホームに勤務する介護職員の疲労度の違い．人間健康学研究．2013；5・6：39-45．
32) 島岡みどり、島岡清、蛭田秀一、小林寛道．保母の1日及び労働中のエネルギー量について．総合保健体育科学．1985；8（1）：115-128．
33) 山地啓司．心拍数の科学．東京：大修館書店．1971；119、189-195．
34) 全国社会福祉協議会．特別養護老人ホームの介護職員業務に関する調査研究報告書．東京：全国社会福祉協議会．1993．
35) 藤原志郎．看護労働における交替制勤務と生体負担．産業医学．1992；34：225-235．
36) 横関利子、渡辺順子、牧田光代、蓮村幸兌、浜野美代子、藤波襄二．特別養護老人ホーム介護者の勤務および介護動作別作業強度．日本衛生学雑誌．1997；52：567-573．
37) 臼谷三郎．エネルギー消費量推定法、最近の動向．日本衛生学雑誌．1992；47：881-889．
38) 冨岡公子、熊谷信二、小坂博、吉田仁、田淵武夫、小坂淳子、新井康友．特別養護老人ホームにおける介護機器導入の現状に関する調査報告―大阪府内の新設施設の訪問調査から―．産業衛生学雑誌．2006；48：49-55．
39) 徳田哲男、児玉桂子．特別養護老人ホームにおける介護負担の改善に関する調査研究．老年社会科学．1997；18（2）：113-122．
40) 徳田哲男、児玉桂子、峯島孝雄、入内島一崇、新田収、筒井孝子、坂本雅昭．移乗介護と空間条件に関する実験的研究．理学療法学．1996；11（2）：63-70．
41) 冨岡公子、樋口由美、眞藤英恵．福祉用具の有効性に関する介護作業負担の比較研究―福祉用具使用の有無および作業姿勢の適正―．産業衛生学雑誌．2007；49：113-121．
42) 森繁樹．生活環境のとらえ方．介護福祉士養成講座編集委員編．介護の基本Ⅰ．東京：中央法規出版．2009；41．
43) 本名靖．個を支える介護．西村洋子、本名靖、綿裕二、柴田範子編．介護の基本Ⅰ―自立に向けた介護福祉の理念と介護福祉士―．東京：建帛社．2010．144-145．
44) 杉浦優子．ユニット介護（ケア）の特徴．井上千津子編．介護の基本．京都：ミネルヴァ書房．2011．187-196．
45) 涌井忠昭、溝田順子、谷川和子、明日徹、原田規章．ケアシステムの異なる老人施設

に勤務する介護職員の疲労の違い．産業衛生学雑誌．2006；48臨時増刊号：499．
46) 日本産業衛生協会産業疲労研究会疲労自覚症状調査表検討小委員会．産業疲労の「自覚症状しらべ」についての報告．労働の科学．1970；25（6）：12-33．
47) 吉竹博．産業疲労―自覚症状からのアプローチ―．神奈川：労働科学研究所．1973；31-33．
48) 越河六郎、藤井亀．労働と健康の調和 CFSI（蓄積的疲労徴候インデックス）マニュアル．神奈川：労働科学研究所．2002；49-57．
49) 鈴木聖子．環境条件からみた特別養護老人ホームケアスタッフの職場内教育における課題―ユニット型と既存型の比較から―．社会福祉学．2007；48（1）：81-91．
50) 中本稔、原田規章、涌井忠昭．家庭奉仕員と特別養護老人ホーム寮母の疲労に関する研究．産業衛生学雑誌．1995；37臨時増刊号：145．

第III部

◆

ソーシャルワークと福祉実践

第Ⅶ章　ソーシャルワークと社会開発
——新グローバル定義と日本におけるソーシャルワーカー養成教育の課題——

(所めぐみ)

第1節　新グローバル定義にある「社会開発」を考える

　ソーシャルワークのグローバル定義が、2014年7月にオーストラリアのメルボルンで開催された国際ソーシャルワーク学校連盟（International Association of Schools of Social Work, 以下 IASSW とする）及び国際ソーシャルワーカー連盟（International Federation of Social Workers, 以下 IFSW とする）の総会において採択された。新定義の採択にはグローバリゼーションが影響しており、それが経済、社会、環境にもたらしている問題への方策を示そうとするものとなっている（木村　2015a，木村　2015b）。

　新グローバル定義の前には、2000年のモントリオールでの IFSW 総会で採択され、また2001年には IASSW 総会でも承認されたソーシャルワークの国際定義（International definition）があり[1]、それは日本のソーシャルワーカー職能団体のそれぞれの倫理綱領[2]に反映されている。倫理綱領には、その前文に「われわれは、われわれの加盟する国際ソーシャルワーカー連盟が採択した、次の「ソーシャルワークの定義」（2000年7月）を、ソーシャルワーク実践に適用され得るものとして認識し、その実践の拠り所とする。」との一文がある。新たなグローバル定義が採択されたことにより、今後日本におけるソーシャルワーク専門職の倫理綱領への反映のために、新グローバル定義により何がかわり、そして何がかわらずにいるのかについての理解が必要である。また、新グローバル定義は、従前の国際定義と異なり、グローバル定義を基に、それに反しない範囲で、世界の各地域（region）および各国において、それぞれの置か

れた社会的・政治的・文化的状況に応じた独自の定義の作成が可能となったことにより、各地域および各国でその検討が行われている[3]。

　秋元（2015：5）は、新グローバル定義に対する態度として、「研究者、教育者、実践家には二通りの道がある。」として、「ひとつは、これを given 与件としてどこがどう変わったかを問い、自らの教育（教科書、授業、試験）と実践にこれにどう反映させたら良いかと進む。もうひとつは、これに違和感を感じ、疑問を提示し、意義を申し立てる」ことであると述べている。秋元自身は、後者の道を歩んでみるとして、新グローバル定義の内容と手続き等について、問題点として着目すべき事柄を指摘している。

　筆者は、その2つの道のどちらかに進む前の段階、つまり新グローバル定義の意味や意図を理解しようとする段階にある。そして、理解のための学習や検討をふまえて、ソーシャルワークを学ぶ学生や現場のソーシャルワーカーら、またそれ以外にも社会福祉やソーシャルワークに関心のある人々とともに、日本において求められるソーシャルワークと、そうしたソーシャルワークの実践者の養成と継続的な教育・学習（continuing professional development）を考えていきたい。

　本小論は、そのために、①先ず、新グローバル定義により強調されたいくつかの概念のうち「社会開発」に焦点をあて、その概念についての理解を深めるために、新グローバル定義と従前の国際定義の比較を通じてなぜ「社会開発」が必要とされているのかについて検討し、②次に、そもそも「社会開発」とは何かについて、国際的な定義とその内実の変遷について概観し、③日本における「社会開発」をめぐる議論について、その議論がおそらく最も活発に行われた時代にさかのぼりながら、あらためて日本においての「社会開発」について考えるためのいくつかの課題を整理し、そして④「社会開発」をめざしたソーシャルワーク実践を日本において促進するために必要なソーシャルワーカーの養成ならびに継続的教育・学習の課題について検討したい。

　「社会開発」をとりあげるのは、それがグローバル定義においてはキー・コンセプトのひとつであるとともに、あらたに加えられた概念であること、また

第Ⅶ章　ソーシャルワークと社会開発

「社会開発」という言葉そのものには馴染みがあるものの、いざ日本におけるソーシャルワーク実践と、ソーシャルワーカーの養成や継続教育においてそれを見てみようとすると、それほど明確なものではないと筆者は考えるからである。そこで、他のキー・コンセプトを除外するのではないが、「社会開発」についてまずとりあげ、他の概念については「社会開発」との関連性でみていくこととしたい。

第2節　新グローバル定義：何がかわったのか

　本論を執筆している時点においては、日本のソーシャルワーク職能団体の倫理綱領には、先の国際定義（モントリオール定義）が、反映されている。

> ソーシャルワーク専門職は、人間の福利（ウェルビーイング）の増進を目指して、社会の変革を進め、人間関係における問題解決を図り、人々のエンパワメントと解放を促していく。ソーシャルワークは人間の行動と社会システムに関する理論を利用して、人びとがその環境と相互に影響し合う接点に介入する。人権と社会正義の原理は、ソーシャルワークの拠り所とする基盤である。

　これまで日本のソーシャルワーク職能団体は、上記の定義を「ソーシャルワーク実践の拠り所」としてきた。
　そして、グローバル定義として新たに承認されたソーシャルワーク定義は、以下の通りである[4]。

> ソーシャルワークは、社会変革と社会開発、社会的結束、および人々のエンパワメントと解放を促進する、実践に基づいた専門職であり学問である。社会正義、人権、集団的責任、および多様性尊重の諸原理は、ソーシャルワークの中核をなす。ソーシャルワークの理論、社会科学、人文学、およ

び地域・民族固有の知を基盤として、ソーシャルワークは、生活課題に取り組みウェルビーイングを高めるよう、人々やさまざまな構造に働きかける。

この定義は、各国および世界の各地域で展開してもよい。

各国および世界の各地域（IFSW/IASSWは、世界をアジア太平洋、アフリカ、北アメリカ、南アメリカ、ヨーロッパという5地域＝リージョンに分けている）は、このグローバル定義を基に、それに反しない範囲で、それぞれの置かれた社会的・政治的・文化的状況に応じた独自の定義を作ることができることとなった。これによって、ソーシャルワークの定義は、グローバル（世界）・リージョナル（地域）・ナショナル（国）という3レベルをもつ重層的なものとなる。

新定義は、文章にして3文からなるものである。そして、但し書きが1文付され、その後に注釈がつけられている。その注釈は、「定義に用いられる中核概念を説明し、ソーシャルワーク専門職の中核となる任務・原則・知・実践について詳述するものである」と記されて、以下それぞれについての注釈が書かれている。ソーシャルワークの定義は、それを学ぶ者、実践する者、教える者が理解できているとともに、それ以外の一般の人々にもわかりやすく伝えられることが本来は望ましい。

注釈は、定義の意味するところをよりよく理解できるようにつけられているものと考えたい。しかし、例えば大学での授業や研修等で、ソーシャルワークを学ぶ学生たちや現任のソーシャルワーカーたちとともに定義の意味や意図を考える際に、そのまま読むだけでは理解が容易くない内容であり、注釈としてはやや多い分量である。日本語訳においては、定義部分に3つの脚注もつけられている。翻訳作業にあたられた方々のご苦心がわかる。

片岡（2015）は、その翻訳を行った委員会のメンバーとして、グローバル定義における新概念と翻訳の問題を論じている。その中で、グローバル定義の意

第Ⅶ章　ソーシャルワークと社会開発

義として、今回のグローバル定義は世界のソーシャルワークの構造的変化を反映した画期的なものであると述べており、「その変化とは、一言でいえば、西洋（欧米）で生まれて世界にひろがったソーシャルワークに対して、先住民を含む非西洋のソーシャルワーカーから強い異議申し立てが行われるようになり、その影響力が無視できないものになっている（p.58）」ことを指摘している。

事実、2000年にモントリオール会議で国際定義が採択された時には、IFSWの加盟国は63か国ほどであったのが、現在では、その数は2倍近くに増加し、110か国を超えている。

西洋的な文化・価値観や社会状況に基づいたソーシャルワークを、それらとは異なる状況にある西洋以外の国々にも普遍的なものとして位置づけることへの疑問が強く投げかけられたのである。

そしてグローバル定義は、以前の国際定義にはなかった、あるいは強調されていなかった概念や考え方が前面に押し出されているとして、片岡（2015）は、4つのポイントをあげている。それらは、第1に多様性の協調・容認、第2に西洋中心主義、および近代主義への批判・反省、第3にマクロレベル、政治の重視、第4に当事者の力の重視である（pp.58-59）。そして、定義第3文にある「indigenous knowledge（地域・民族固有の知識）」、「collective responsibility（集団的責任）」、「social cohesion（社会的結束）」、「当事者の力（人々の主体性が果たす役割）」とともに、「社会開発」が新しい概念あるいはより強調されたもの（定義本文に用いられている）として、整理されている。

「社会開発」は、定義の冒頭で、社会改革、社会的結束、人々のエンパワメントと解放と並び、ソーシャルワークの「中核となる任務」とされた。モントリオール国際定義では、注釈の中にあったその言葉が、新定義では「本文」、「注釈」における説明、「実践」のところにも登場し、その強調のされようがわかる。

　　社会開発という概念は、介入のための戦略、最終的にめざす状態、および（通常の残余的および制度的枠組に加えて）政策的枠組などを意味する。

それは、(持続可能な発展をめざし、ミクロ―マクロの区分を超えて、複数のシステムレベルおよびセクター間・専門職間の協働を統合するような) 全体的、生物―心理―社会的、およびスピリチュアルなアセスメントと介入に基づいている。それは社会構造的かつ経済的な開発に優先権を与えるものであり、経済成長こそが社会開発の前提条件であるという従来の考え方には賛同しない。

　また、従来からあった「変革」と「開発」が並べられている。

　社会変革の任務は、個人・家族・小集団・共同体・社会のどのレベルであれ、現状が変革と開発を必要とするとみなされる時、ソーシャルワークが介入することを前提としている。それは、周縁化・社会的排除・抑圧の原因となる構造的条件に挑戦し変革する必要によって突き動かされる。社会変革のイニシアチブは、人権および経済的・環境的・社会的正義の増進において人々の主体性が果たす役割を認識する。また、ソーシャルワーク専門職は、それがいかなる特定の集団の周縁化・排除・抑圧にも利用されない限りにおいて、社会的安定の維持にも等しく関与する。

　かくして「社会開発」はソーシャルワークの中核的任務としてあげられたのであるが、果たしてそれはどういう意味を持ち、ソーシャルワークが社会開発を担うということはどういうことなのだろうか。

第3節　「社会開発」とは何か

1．「社会開発」とは何か

　「社会開発」は日本の福祉領域、またその他の領域においても用いられてこなかった概念ではない。しかし、この概念が最も用いられているのは、国際的

第Ⅶ章　ソーシャルワークと社会開発

な開発援助関係においてである。「社会開発」は「経済開発」などと比較して、より価値観を含んだ用語であり、また時代背景や主流となる開発政策の変遷に伴い、多様な捉え方や考え方があらわれている（国際協力機構国際協力総合研修所、2003：147）との指摘があるが、ここでは、先ず主に開発援助の領域における「社会開発」とは何をさすのかについて、「社会開発」における援助戦略・アプローチの変遷とともに概観したい。

　「社会開発」という概念は、国際連合が1950年代に提唱したものである。その後現在に至るまでに、その意味するところ、具体的な方法アプローチなどに変遷がみられることが指摘されている（国際協力機構国際協力総合研修所 2003）。それによると、1950年代から60年代は特定層への福祉対策としての社会開発であった。この時代には経済開発が優先され、経済成長の恩恵が社会全体に浸透し波及するという考え方が主流であった。そこでは社会開発は経済成長を支える人材育成に必要な教育や保健といった社会サービスの提供と、経済成長の恩恵に預かれない「社会的弱者」への福祉サービスの提供という観点が基盤となっていたという。1970年代に入ると、人間の基本的ニーズとコミュニティ開発アプローチが提唱されるようになる。それまでの経済成長最優先のスタンスから、社会的側面を重視することへ方向性が変わり始めたのである。その背景には第２次世界大戦からの復興における生活水準をめぐる議論があったという。しかしながら、その具体的手法は国家主導の性格が強かったという。コミュニティ開発アプローチは、被援助国政府の非効率的な行政機構に対しての批判があり、介入することができない状況下で、末端の受益者を直接対象とするアプローチとして用いられるようになったという。NGOなどがそこに関わり、草の根レベルの開発事業の試みが蓄積され、のちに参加型開発アプローチの基礎概念を形成することにつながったという。1980年代はソーシャルセーフティネットとしての社会開発と「持続可能な開発」の段階である。オイルショックや社会的経済の低迷により、大きな政府や福祉国家から小さな政府にかわるなか、被援助国においても厳しい財政状況下、それまでのとりくみに後退がみられた。一方、初期の社会開発が経済開発面に偏っていたこと、そして

より社会的側面への配慮を重視する動きが、国連児童基金やそれを受けての世界銀行の動きにみられるようになる。また現場レベルでは、この時期に参加型開発手法が提唱され、実践が積み重ねられている。その手法においては、地域固有の状況や伝統的知識、住民の組織化とキャパシティ・ビルディング等が重視されているという。国連による人権擁護のとりくみ、開発と女性の考え方（1985年のナイロビ世界女性会議）などが、その後社会開発の主流の考え方につながったという。またこの時期には持続可能な開発という概念もあらわれる（1987年ブルントブラント報告書）。

　1990年代より、社会開発は「開発の目的として達成されるべき人間の自助自立と社会正義の実現」として、経済開発とならんで重要な開発課題と位置づけられるようになった。開発の中心課題としての社会開発の時代である。1990年の世界銀行の「世界開発報告」が貧困の問題を取り上げ、経済開発だけでは解決できなかったこと、二面的戦略の必要性を唱えたのである。また、国連開発計画などが中心となって、「人間開発」の概念が提唱されると、社会開発の主流化が一層進んだ。人間開発の概念はA. センによるものであるが、人間開発には、人間の潜在的能力の発現と、それを可能にする活躍できる社会環境の整備の必要性を説くものである。その結果として、狭い領域ではなく、より広い包括的な社会開発の必要性が認められるとともに、そうした動きの中で、その方法・実践論についても変化がみられることとなった。そして、1995年にデンマークのコペンハーゲンで開催された国連社会開発サミットは、貧困の根絶、雇用、社会統合を不可分な社会開発課題として捉えて取り組みを進めることで社会開発の一層の推進を提唱した。そうした中、エンパワメントアプローチ、利害関係者らが自分たちにかかわる政策等により参加できるような方法論の発展がみられるようになったのである。このように今日までの「社会開発」の概念の変遷をみると、原島（2015）が指摘するようにソーシャルワークの中核をなす諸原理と重なる点がみられるのである。

2．日本での「社会開発」をめぐる議論

　こうした「社会開発」に関わる国際的な動きと「社会開発」という概念や実践は、日本ではどのように捉えられてきたのだろうか。また社会福祉の領域においてはどのように捉えられてきたのだろうか。

　日本で「社会開発」という概念が最初に登場するのは、人口問題審議会の「人口資質向上対策に関する決議」（1962年）であり、人口問題審議会の地域開発に関する「意見書」（1962年）において公式的に初めて使用されている。「社会開発」という概念が国連で出されてからまもなくのことである。この意見書は地域開発が人口問題の見地からも重大な課題であり、地域格差を是正するには、人口移動の規模と速度を調整し、人口の適正な地域配分を促進すべきだと指摘している（杉田　2015）。

　また1965年（昭和40年）、当時の厚生省が発行した厚生白書のテーマは「社会開発の推進」であった。

　岡村重夫（1963）は、「共同社会開発（Community Development）の意味と社会福祉」という論文において、コミュニティ・ディベロップメントと社会福祉の関係について論じている。コミュニティ・ディベロップメントを「共同社会開発」と訳していることにも注目したい。国連の「社会開発」における「コミュニティ・ディベロップメント」の意味や意義づけには変遷があり、どのように用いられているかに注意が必要であるが、岡村はコミュニティ・ディベロップメントを地域を基盤とした社会開発であって「共同社会」をめざしたものとして捉えていたということである。

　「社会開発」という考え方へのわが国の反応は早く、また社会福祉においてもコミュニティ・ディベロップメントに焦点をあてるかたちであったが、社会開発への注目がなされていた。しかしながら、その後は当初の関心の高さが政策や研究において持続されたとはいえない。このことについてはなぜそのようになったのか、別の機会に論じたい。

　しかしながら、現在日本の社会福祉研究においては、「開発的社会福祉」や

「福祉社会開発」という概念により、「社会開発」があらためて登場してきている。

例えば日本福祉大学福祉社会開発研究所や東洋大学福祉社会開発研究センターの実践的研究プロジェクト等などに、そうした顕著な動きが見られる。さらに最近の国の地方創生政策の提唱とからんで、社会福祉と地方創生といったテーマも研究課題となってきている。

「社会開発」の概念が日本でも取り上げられるようになった当初は、社会福祉分野においては方法論としてのコミュニティ・ディベロップメントや、またその方法とコミュニティ・オーガナイゼ―ションとの関係、住民参加などに着目されることがあったが（太田　1965）、その後の日本における方法論研究やソーシャルワーカー養成教育等においては「社会開発」については、積極的にとりあげられてきたとはいえない。

では今後、「社会開発」への再接近をおこなうにあたり、社会開発とソーシャルワークとはどのようにつながっているのかについて考えてみたい。

第4節　ソーシャルワークと社会開発

本論では「社会開発」がもつ多面性と、用いられる国や時代による変化をすべてカバーすることはできていないが、今日までの「社会開発」概念の展開にみられる特徴としてあげられるものと、ソーシャルワークとの関わりを考えてみたい。

ここでは、3つの点について、言及したい。

第一に「社会開発」が人々の生活にかかわる単一ではない諸領域に関わっているということである。その領域の一つとして狭い意味での福祉サービス等に関わる領域も入りうる。その点から、「社会開発」の全体でないとしても福祉サービスが関わる部分からの「社会開発」へのソーシャルワークの関与がある。

第二に、「社会開発」にあるキャパシティ・ビルディングの要素である。キャパシティ・ビルディングは、地域社会の自律、地域力や、集団的な力、個

人レベルまでに関わる概念である。いわば主体としての地域、集団、個人の力をつけ、その力を社会開発に発揮していくことである。

　第三に、「社会開発」が現在に至っては、参加や協働、共同生産（co-production）と自己管理（self-management）を進めようとしているものであることである。共同生産の概念は、発展途上国での開発支援において、また現在は先進国においても用いられている概念である。

　では、ソーシャルワークからの社会開発へのアプローチはどうであろうか。ここでは、2つの点に焦点をあてて、みてみたい。第1に、当初は発展途上国における貧困問題を解決しようとする開発援助にかかわる概念であり実践であった「社会開発」であるが、先進国においても有用な概念であり実践であるのかどうか。第2に、ソーシャルワークのマクロアプローチとして捉えられることが多い「社会開発」であるが、マクロアプローチに限定されたものなのかどうか。第3に、「社会開発」にかかわるソーシャルワークの特徴は何かである。第4に、どのような領域にソーシャルワークが関わるのか、あるいは関わりうるのかである。

　これらの点のすべてでなくともほとんどについて触れられているものとして、Midgleyら（2010）の提唱する「開発的ソーシャルワーク（developmental social work）」の考え方と実践があげられる。それはより幅広い学際的領域にかかわる社会開発からの学びがあることから、ソーシャルワークの「社会開発」アプローチともいわれるものである（Midgley and Conley 2010: xiii）。クリニカルソーシャルワークや、コミュニティオーガニゼーションといったソーシャルワークの他のアプローチがそうであるように、開発的ソーシャルワークもその特徴をもっており、このアプローチに適した実践方法、理論仮説、原理原則などがあるとともに、歴史的ルーツをもっているという。それは、西洋で生まれた創成期のソーシャルワークをルーツにもちつつも、一貫した実践アプローチとして登場するのは発展途上国においてであり、長年にわたり、国際ソーシャルワークの関係者の間で関心がもたれてきたものである。そしてさらに近年になってからは、西洋諸国においてもそのアプローチが意味をもつこと

が認識されてきているという。

　彼らの「開発的ソーシャルワーク」をめぐる議論で興味深いのは、そのアプローチの特徴と重要な機能を示しつつ、その他のいわゆる「主流な」ソーシャルワーク実践に適用できるかを示そうとしていることである。一つには「開発的ソーシャルワーク」がいかに伝統的にソーシャルワークの主要な領域といわれる児童福祉、精神障害、障がい者や高齢者へのソーシャルワーク、社会的扶助や、矯正などの領域で適用できるかという実践例を示すこと、そしてもう一つには、ソーシャルワークのミクロからマクロまでに関わる実践の焦点と方法をもっていることを示していることである。

　このことは、社会開発や開発的なソーシャルワークが、「マクロ」実践であるという偏った見方に対して、警鐘をならしている。すなわち開発的アプローチが、個別の支援というよりは、制度をつくり、そのためのアクション等が主要な機能や方法のようにとられがちであるが、実際はそれだけではないということである。

　他にも、アメリカをフィールドとした仁科（2013）による「包括的コミュニティ開発（Comprehensive community initiatives）」の研究からも、「社会開発」の包括性・総合性を知ることができる。1980年代後半以降、アメリカの貧困地域における住宅供給を中心として事業を展開してきたコミュニティ開発法人の実践があるが、領域をしぼった援助のアプローチには限界があることが、実務者や助成団体、コミュニティオーガナイザーらにより認識されており、多様な領域にまたがってのサービスが求められていることへの気づきが、事業の方向性を変えていったという。

　以上のことから、「社会開発」にかかわる場合、包括性・総合性が求められてくるということであり、それは地域社会での生活にかかわる多様な分野領域にかかわることであるとともに、個人が抱える生活問題への対応から、コレクティブなニードへの対応まで幅広く関わることであることと整理できる。

第5節 ソーシャルワーカー養成ならびに
継続教育・学習の課題と可能性

1．「社会開発」に焦点をあてて考える課題

　ソーシャルワークのグローバル定義に加えられたキー・コンセプトである「社会開発」に焦点をあてて、日本におけるソーシャルワーカー養成ならびに継続教育・学習の課題を検討してみたい。ソーシャルワークが果たすべき機能は「社会開発」のみではない。しかし、これまで十分に養成・継続教育では取り上げられてきたとはいえない状況であることから、先ずは焦点化して考察するものである。

1）参加と協働を重視するソーシャルワーク

　新グローバル定義においては、注釈の「実践」のところで、ソーシャルワークは参加と協働を重視する方法論をもつとしている。

> ソーシャルワークの参加重視の方法論は、「生活課題に取り組みウェルビーイングを高めるよう、人々やさまざまな構造に働きかける」という部分に表現されている。ソーシャルワークは、できる限り、「人々のために」ではなく、「人々とともに」働くという考え方をとる。

　「参加重視の方法論」は、価値レベル認識論レベルの「参加重視」を基盤とし、実際に参加を可能にする、あるいは参加を促す方法論をソーシャルワークが活用し、必要に応じて開発または発展させる必要がある。ソーシャルワーク養成教育においては、「価値」「知識」「技術」のそれぞれを学ぶうえで、これら3つの要素の関係性についての理解を深めることがめざされている。そして学習者が、教育・学習方法としての講義、演習、実習を通じた統合的な教育・

第Ⅲ部　ソーシャルワークとアドミニストレーション

学習によって、それらの理解を深め、知識や技術を獲得していけるようすすめられている。この教育・学習の枠組みそのものに大きな課題があるとの議論はなされていない。筆者自身も、大きくはこの教育・学習の枠組みにおいて、以下に述べる事柄についての工夫をすることを提案したい。

　第一に、利用者や住民らの「参加」について、その必要性や方法論、それらを支える知識の理解をより進められるようにすることである。これまでもソーシャルワーク教育は、ソーシャルワークが果たす（あるいは果たすべく期待されている）機能や役割について、学習者にとってより具体的な文脈のなかでの関心の喚起と理解が深められるような講義、演習、実習による統合的な教育・学習を行えるようにすることの必要性が指摘されてきた。その際に、新グローバル定義にあるように「生活課題に取り組みウェルビーイングを高めるよう、人々やさまざまな構造に働きかける」ソーシャルワーク実践は、当事者が主体的に参加でき、また参加については政策形成への参加までをも含むことの理解が深められるように、そのための「知識」や「技術」を関連学際領域や実践から学びあいつつ、明確化するとともに広げていくこと。具体的な事例を通して、それらを学ぶことができるようにすることが必要である。

　「社会開発」の政策、実践においては、その主体は誰なのかへの問いがあった。社会開発が、当該社会や地域の住民の参加や参画を抜きにして行われるものではないものとするのであれば、その「価値」を支える「知識」と「技術」の活用や開発が必要であった。そのため国際開発援助の実践においては、そうした「知識」や「技術」が創出されてきた。そして、先にも述べたように、いわゆる開発途上国だけでなく、先進国といわれる国々や社会においても、そうした「知識」や「技術」が活用されている。例えば、「参加型調査」「参加型ワークショップ」などは国際開発援助の現場で多く用いられ、その方法・技術の発展がみられるものであるが、先進国の地域社会における「社会開発」においても、これらの方法・技術は用いられている。ただし、「技法」のみが用いられて、なぜその技法を用いる選択をするのかという、根拠となる「価値」「知識」そして適切な技法を選択し活用することができることまでを含む「技

第Ⅶ章　ソーシャルワークと社会開発

術」についての理解がないと、形だけの「参加型」に陥りやすい。例えば、参加型ワークショップの手法を用いてはいるものの、そこに参加する人々が、その目的もわからず集められているだけで、「ワーク（作業）」に協力しているだけであれば、そもそもそこでいう「参加」はなにをめざしたものなのか、疑問が生じる。

　この点から、ソーシャルワークの実践理論を学ぶ際、すでにあるものとしてのモデルやアプローチを、並んでいるメニューを試すように学ぶのではなく、なぜそれぞれのモデルやアプローチがうまれて、ソーシャルワーク実践に用いられるようになっているのかという背景についての理解を基盤にした教育・学習の必要性をあらためて認識している。

　新グローバル定義に至る議論の中で、「indigenous（地域・民族固有の）」という考え方がキー・コンセプトになったことは先にふれたが、その背景にはソーシャルワークの理論、知識、方法論の体系化において、本来それぞれの国や社会の文化や価値、状況に応じた発展や選択があるべきところを、西洋社会で体系化されたものが、他の社会にもあてはめられているのではないかという批判や、国際的なソーシャルワークにかかる議論に、本来参加すべきすべての国々の参加を促していくことが十分でなかったことなどへの反省もある。日本においても、海外からの輸入ではない、日本独自の理論や方法論を打ち立てていく必要性についての議論もある。こうした議論にふれるたび、「歴史的社会的背景」についての理解抜きの理論教育・学習の弱点を認識する。「indigenous」な文化や社会を大切にすること、過去だけではなく、過去から現在、そして未来につながるものとして、そこに暮らし生き続けようとする者や持続可能な社会をつくっていこうとする者たちの思いや願いを捉えながら、その人たち自身が主体となって、生活者として自分の生活、また生活に関わるさまざまな人々や環境との関係性のなかで、生活課題の解決や社会変革を行えるようにしていこうとすること。その一方でそれぞれの国や社会がもつ社会経済的、政策的要因等、さまざまな状況や変化のなかで、ソーシャルワークの理論や方法論はつくられ受け継がれてきたものであることを理解するのであれば、見方が大きく

変わってくるのではないだろうか。海外に由来するからという理由だけで否定されるものでもない。そうした見方や視点を養うためには、「社会」や「文化」についての理解を深められる教育が今よりも求められると考える。「社会」や「文化」の理解は、グローバルに国を超えて、または国の中のある地域やコミュニティを通じて学ぶということである。そうした科目を新たにつくるというよりは、すでにある科目のなかで、「講義」「演習」「実習」を通じて学ぶことができるより積極的な工夫が求められる。

　とりわけそれぞれの国や地域で、社会的に排除されていたり、生活困難を抱えている人々がどのように支援されていたり、そもそもそういった状況にいたらないような予防的なとりくみがなされているのか。これまでの国際比較研究や各国研究では主に当該国の制度等により関心が注がれていたように思うが、制度はもちろんであるが、ソーシャルワーカーを含み、どのような人々（専門職や専門職ではない支援者、住民等）が、どのようにリーダーシップをとりあるいは協働して解決しているのか。そこにおける当事者はどのような役割を果たし、権利を保障されているのか。そこには国や地域や文化の違いがあるとしても、具体的な事例をもとに、そこにみえる共通性や相違の背景の考察から学ぶことが大きい（所　2015b，所　2016a）。

　さらに新グローバル定義では人々と「ともに」というソーシャルワークの姿勢・態度を示している点についてである。「ともに」は、ソーシャルワーカーが利用者らと「ともに」課題解決にとりくむことはもちろんであるが、利用者、「当事者」、住民らが、自分や自分の生活と関わりのある、あるいは関わりをもつ必要がある人々らと協働できることを支えることでもあると理解したい。「社会開発」においては、こうした関係者、ステークホルダーと支援者との、またステークホルダー間の協働が求められている。そこには、支援者が「つなぐ」者としての役割を果たすとともに、それぞれの主体が、協働の力を発揮できるようにする個々への働きかけ、グループやコミュニティ支援が含まれる。方法論としては、ソーシャルワークがこれまでも目的や対象などに応じて個別にあるいは統合的に活用してきたケースワーク、グループワーク、コミュニ

第Ⅶ章　ソーシャルワークと社会開発

ティワークなどが主な方法論として活用しうるが、「社会開発」においては狭い意味での福祉だけでなく、もう少し広い範疇の社会政策に関わってくることが考えられる。そのため福祉だけではない専門機関や団体の職員、専門職らとの協働、「利用者」だけではない住民らとの協働も含まれる。そういった状況の中で、ソーシャルワーカーが関わることの意味や、ソーシャルワーカーが果たしうる役割については、実践とそれを基盤とした議論がさらに必要であるが、このことに関しては、後ほど少し触れたい。

２）主体形成支援にソーシャルワークはどう関わるのか

さて、「参加」という概念について、先ほど形だけの「参加」について批判したが、要するにその「参加」にどれだけの「主体性」があるか。「主体性」を引き出せているかということがある。「主体性」を大切にする。ソーシャルワークでは「利用者主体」ということばが用いられてきた。それは「利用者本位」ということばと並べられることが少なくない。特に後者はサービスの提供に際して用いられることが少なくない。もう一方の「利用者主体」という概念は、より本人を基軸に用いられることばといえるが、「利用者」という「サービス」との関係性のなかでの「者（ひと）」として捉えられている。ソーシャルワークが「社会開発」の機能を発揮しうるのであるならば、サービス利用者への支援という限定的なものではなく、サービス利用者を含む、様々な生活者の主体性を尊重し、さらには積極的に主体性を促進できる状況をつくり、主体形成にかかわることもその範疇となりうる、というのがここで提起したい点である。

ここで、英国などで取り組まれているコミュニティ・ディベロップメントと、関連したコミュニティ・ディベロップメント学習について紹介するとともに、そこから学ぶことができるのではないかという点について、言及したい。

英国では、貧困問題等さまざまな生活上の困難を抱えた住民らが、自分たちのコミュニティの課題解決や地域づくり（コミュニティ・ディベロップメント）に主体的に関わるのを支援するコミュニティ・ディベロップメントプラク

第Ⅲ部　ソーシャルワークとアドミニストレーション

ティショナーがいる（所　2005a, 2005b）。また住民らが主体となって活動する際に必要なことを学ぶコミュニティ・ディベロップメント学習がある。

コミュニティ・ディベロップメントプラクティス（以下CDPとする）とは何か。その専門性を示した「基準」（Federation for Community Development Learning 2015）によれば以下の通りである。

> CDPとは何か。コミュニティ・ディベロップメントは、人々がポジティブな社会変革を集団の力で起こせるようにすることである。長期にわたるプロセスは自分たち自身の経験から始まるが、自分たちが暮らしその一部となっている地域社会において、生活の質をよくすることを目的に、以下にあげる事がらについて、コミュニティ（地理的・アイデンティティ・インタレスト）の協働を可能とするものである。
> ・自分たち自身のニーズと行動を明らかにすること
> ・もてる強みと資源を活用して集団で行動すること
> ・自分たちの自信、技術、知識を伸ばすこと
> ・不平等な力関係をかえることに挑戦すること
> ・社会正義、平等、包摂を促進すること

またCDPの価値として、以下の5つがあげられている。
①社会正義と平等
②反差別
③コミュニティ・エンパワメント
④集団的アクション
⑤協働と学びあい

そしてCDPの6つの主要な領域と25の基準が設定されている。6つの領域は以下の通りである。
①コアとなる領域：コミュニティ・ディベロップメントについての理解と実

第Ⅶ章　ソーシャルワークと社会開発

　践
②コミュニティについての理解とコミュニティと関わること
③グループワークとコミュニティアクション
④協働と領域をこえあっての活動
⑤社会変革のためのコミュニティ学習
⑥ガバナンスと組織の発展

　そしてこのような CDP の主体となる人々を対象とした学習や、学習を通じて CDP の実現を支援するものとして、コミュニティ・ディベロップメント学習がある。こうしたコミュニティ・ディベロップメント学習とコミュニティ・ディベロップメントに実際に関わることを通じて、住民、「当事者」らのエンパワメントをはかり、能動的市民性（active citizenship）を醸成しようとするとりくみである（所　2015a）。

　英国においては、現在ソーシャルワークとこの CDP は別の専門職として養成されているが、かつてはソーシャルワーカーがコミュニティ・ディベロップメントの機能を担っていたこともあった。

　「社会開発」という機能をソーシャルワークが果たすとすれば、その主体である「当事者」住民らの主体形成にとりくむこのような実践から学ぶことは少なくない。日本においては例えば必ずしも福祉教育が社会的に排除されている人々が主体となれるような学習や教育につながりきれていなかった実情もある。一方で、住民主体の活動を支える社会福祉協議会のソーシャルワーカーらの働きのなかには、コミュニティ・ディベロップメント学習に通ずるものもみられる。今後この要素を日本におけるソーシャルワーク教育にもとり入れていく必要があるのではないだろうか。

　このように「社会開発」により目を向けていくと、これまでソーシャルワーク実践が行ってきたニーズの把握についても、生活課題にかかわっての個々人あるいはコレクティブニードとともに、自分たち自身で解決しようとしていく、その上での活動ニードなどへの着目もより必要となってくるであろう。

「講義」「演習」「実習」の工夫の必要性については先ほどふれたが、実習演習での経験的学習の中身や学習方法についても、検討が必要である。すでに優れた教育実践もみられるが、コミュニティ調査、当事者・住民らとの協働の経験を通じた地域社会との関わり、課題解決にソーシャルワークを学ぶ学生ら自身も当事者の一員となって関わる経験を通じた学びなどによって、充実化させることが可能であろう（所　2016b）。

2．持続的な検討の必要性

本小論は、新グローバル定義にある「社会開発」に焦点をしぼっての考察であり、ソーシャルワーク教育の全ての課題を論じることはできていない。しかしながら、「社会開発」においてはたしてソーシャルワークがどのような役割を果たしうるのか。養成教育は実践とかけはなれたものではない。しかし、社会的要請のなか、実践そのものをよりよくしていくことにつながる養成教育や継続教育が必要である。そのための教育・学びをどうしていくのか。ソーシャルワーク実践と、ソーシャルワーク教育実践の課題として、今後も継続して検討していきたい。

志村（2015）は、ソーシャルワークのグローバル定義とソーシャルワーク教育について、より包括的かつ詳細に、2015年6月に出された日本学術会議社会学委員会社会福祉学分野の参照基準検討分科会による「報告　大学教育の分野別保証のための教育課程編成上の参照基準　社会福祉分野」（以下、社会福祉学分野の参照基準とする）との関連性を分析して、課題の整理をしている。社会福祉士、精神福祉士の養成は、大学以外に専門学校や一般養成施設でも行われているものではあるが、大学教育の分野別質保証のために検討されたこの参照基準にかかわっての課題整理からも、学ぶ点が多い。

最後に、本論ではソーシャルワークの継続教育については詳細に述べることはできなかった。この点については別の機会に譲りたいが、継続教育を考える上で、また「社会開発」を考える上で、必要ではないかと思うことを述べて、

この小論を閉じることとする。

　開発的ソーシャルワークの限界と展望を論じる中で、Midgley と Conley（2010）は、ソーシャルワーカーの人手不足が現在のアメリカにあること、かつてはソーシャルワーカーが担っていた職務を、他の専門職がとってかわってしまっていることについて言及している。本来はソーシャルワークを学び資格を取得した者に従事して欲しいところであっても、現実には必ずしもそのようになっていない問題があるようである。

　日本の状況がそれと全く同じといえるまでの根拠がないのだが、本来ソーシャルワーカーが活躍していたらと思う場所にソーシャルワーカーがいないことが少なくない。例えば、日本は災害大国であるが、被災地での復興にかかわる現場から、多くの気づきや学びがある。決して専門職や非専門職が活躍していないということではない。しかしながら、開発的視点をもって活動できるソーシャルワーカーが活躍できる環境をつくっていく必要性を強く感じている。

　また利用者、そして住民主体が日本のソーシャルワークの根幹であり、生活者と生活の全体性に関わるのがソーシャルワークであるのであれば、狭い意味での福祉政策にとどまらない社会政策に関わっていく必要がある。その意味では、社会福祉施設や社会福祉機関で働くソーシャルワーカーの養成とともに、それ以外の職場で働くことができるソーシャルワーカーの養成も重要である。例をあげるのであれば、行政で働く職員のなかには、福祉職採用の有資格社会福祉士がいるものの、福祉や広く社会政策にかかわるところでは、一般職で働く職員が、必ずしもソーシャルワーク資格をもたない職員が従事している。その仕事についてはじめて、ソーシャルワークに出会う人たちがいるということである。

　ソーシャルインクルージョンは現在の文化政策においては重要なコンセプトであるし、生涯学習においても、市民参加や協働のまちづくりはテーマである。消防や警察、防災を担当する部局等にソーシャルワーカーがいたらどうだろう。専門職の継続的教育の視点からは、日本においては必ずしも有資格者ではない、けれでも実務についている職員たちもあわせた、人材養成支援の課題がある。

しかし、これはチャレンジでもあり、より広範な領域にかかわる「社会開発」をめざした時には、活躍できる場を今より広げていくとともに、先に現場にある人々の実践的学びを支える教育研修の在り方も今後開発発展させていく必要があるだろう。

　日本においても、福祉にかかわる専門的支援のあり方や、専門職のあり方、その養成について、改革の動きが見られる。直近では「我が事・丸ごと」地域共生社会実現本部（2016，厚生労働省）が人材育成についての提起をしている。そういった日本国内における動きと、グローバルな動きの中で、日本のソーシャルワークはどのような方向に向かうべきなのか。引き続き実践現場、教育・研究、地域社会の様々な方々と考えていきたい。

注
1) 日本語訳は日本ソーシャルワーカー協会、日本社会福祉士会、日本医療社会事業協会で構成するIFSW日本国調整団体が2001年1月26日決定した定訳である。（http://www.jasw.jp/kokusaiinfo/IFSW_SWTEIGI.pdf）
2) 社会福祉専門職団体協議会代表者会議・倫理綱領委員会（2005年1月27日提案）、日本ソーシャルワーカー協会（2005年5月21日承認）、日本医療社会事業協会（2005年5月28日承認）、日本社会福祉士会（2005年6月3日承認）、日本精神保健福祉士協会（2005年6月10日承認）。
3) 日本では社会福祉専門職団体協議会4団体及び日本社会福祉教育学校連盟が日本としての展開を検討するナショナル定義検討ワーキンググループを2015年7月に立ち上げ、関係者の意見を反映しつつ「ソーシャルワーク専門職のグローバル定義の日本における展開案（2016年4月14日版）」を作成。この案への意見募集がなされている。https://www.jacsw.or.jp/06_kokusai/IFSW/files/sw_0160414.pdf
4) 本論文で示すグローバル定義の日本語訳は、日本社会福祉教育学校連盟社と社会福祉専門職団体協議会により訳された「ソーシャルワークのグローバル定義（日本語訳版）」2014年5月IASSW提出最終版であり、IFSW日本語訳及びIASSW日本語定義として確定しているものである。https://www.jacsw.or.jp/06_kokusai/IFSW/files/SW_teigi_japanese.pdf

第Ⅶ章　ソーシャルワークと社会開発

引用参考文献

秋元樹（2015）「あなたは世界定義を受け入れられるか？『専門職ソーシャルワークではないソーシャルワーク』を例に」『ソーシャルワーク研究』41（3），5-16.

Federation for Community Development Learning (2015) Community Development National Occupational Standards.

原島博（2015）「アジアのソーシャルワークと社会開発の展開と課題」『ソーシャルワーク研究』41（3），17-24.

片岡信之（2015）「ソーシャルワークのグローバル定義における新概念と翻訳の問題（特集 ソーシャルワークの世界：グローバルアジェンダ，新定義をふまえて）」ソーシャルワーク研究41（2），58-64.

木村真理子（2015a）グローバリゼーションとソーシャルワーク：ソーシャルワーク専門職：グローバル定義採択と国際ソーシャルワーカー連盟（IFSW）の新たな役割（特集 ソーシャルワークの世界：グローバルアジェンダ，新定義をふまえて）『ソーシャルワーク研究』41（2），5-15.

木村真理子（2015b）「ソーシャルワークのグローバル定義と社会福祉実践：いかに社会正義の具現化を目指すのか」『社会福祉研究』（124），13-20.

国際協力機構国際協力総合研修所編著（2003）『援助の潮流がわかる本—今、援助で何が焦点となっているのか』国際協力出版会

厚生省編（1965）『厚生白書昭和39年度版　社会開発の推進』大蔵省印刷局

厚生労働省「我が事・丸ごと」地域共生社会実現本部（2016）「地域包括ケアの深化・地域共生社会の実現」

Midgley, J. & Conley, A.eds. (2010) Social Work and Social Development ;Theories and kills for developmental social work, Oxford University Press.（＝2012，宮城孝監訳『ソーシャルワークと社会開発：開発的ソーシャルワークの理論とスキル』丸善出版）

日本学術会議社会学委員会社会福祉学分野の参照基準検討分科会（2015）「報告　大学教育の分野別保証のための教育課程編成上の参照基準　社会福祉分野」（http://www.scj.go.jp/ja/info/kohyo/pdf/kohyo-23-h150619.pdf）

仁科伸子（2013）『包括的コミュニティ開発—現代アメリカにおけるコミュニティ・アプローチ』お茶の水書房

岡村重夫（1963）「共同社会開発（Community Development）の意味と社会福祉 -- 特集・地域開発」『都市問題研究』15（4），3-16，都市問題研究会

太田義弘（1965）「地域社会開発と住民参加」『関西学院大学社会学部紀要』（12），77-88.

志村健一（2015）「ソーシャルワークのグローバル定義とソーシャルワーク教育—日本学術会議『大学教育の分野別質保証のための教育課程編成上の参照基準』との関連性—」『ソーシャルワーク研究』41（3），25-36.

第Ⅲ部　ソーシャルワークとアドミニストレーション

杉田菜穂（2015）「日本における社会開発論の形成と展開―人口と社会保障の交差―」『人口問題研究』71-3，241-259.
所めぐみ（2005a）「英国のコミュニティワークの動向」日本生命済生会福祉事業部『地域福祉研究』第33号2005/03，16-31.
所めぐみ（2005b）コミュニティワーカーの資格と職業としてのスタンダードについての研究：英国におけるコミュニティディベロップメントワーク資格体系化の動向　単著　龍谷大学社会学部紀要第27号　2005/09，25-34.
所めぐみ（2015a）「地域福祉の主体形成に関する研究：地域でとりくむアクティヴシチズンシップ学習のとりくみから学ぶ学習とその評価の方法ロンドンでの事例から」『福祉教育開発センター紀要』12，佛教大学　2015/3，71-84.
所めぐみ（2015b）「第5章ソーシャルワーク研究開発方法としてのビネット調査」上野谷加代子・斉藤弥生編『福祉ガバナンスとソーシャルワーク―ビネット調査による国際比較』ミネルヴァ書房，72-85.
所めぐみ（2016a）「23海外事例との比較（第3章地域福祉の講義のための30項目）」上野谷加代子・原田正樹（編）『地域福祉の学びをデザインする』有斐閣，196-201.
所めぐみ（2016b）「地域福祉の学びを深めるアクティブラーニング（第1章地域福祉の学びをデザインする視点　3地域福祉の教育の方法（2））」上野谷加代子・原田正樹（編）『地域福祉の学びをデザインする』有斐閣，22-26.

第VIII章　ソーシャルワーク実践における知と論理

(狭間香代子)

はじめに

　わが国のソーシャルワーク実践では、実践論として提唱されている諸種のアプローチやモデルが十分に活かされているとはいえない。その理由については、いくつか挙げることができる。一つには、わが国のソーシャルワーク実践論が英米を中心に発展してきた理論の輸入であり、実践の場に十分に定着しなかったことがある。次に、ソーシャルワーク実践を用いる場の欠如である。わが国の社会福祉活動は長く施設中心になされ、いわゆる相談援助活動は副次的な位置に置かれていた。さらに、このような状況の中で経験と勘に依る援助が続いてきたのである。

　このような状況を背景に、岡本民夫は実践と理論の乖離を解消するために「実践の科学化」を掲げ、帰納的方法による実践知の理論化とクライエントのニーズの論理化の必要性を提起している。

　本論は実践で創出される実践知の議論に着目し、実践で働くレンマの論理と理論化の基盤にあるロゴスの論理との対比を通して、ソーシャルワーク実践における実証主義と構築主義との並存の可能性を探ることを目的とする。そのために、実証主義を基盤とする近代知に対する批判的論考を検討した上で、レンマの論理について概説する。レンマの論理の観点からソーシャルワーク実践を考察することで、実践知がもつ意味をより明らかにし、実践と理論との問題の解決を提示する。

第Ⅲ部　ソーシャルワークとアドミニストレーション

第1節　ソーシャルワークにおける実践知とは何か

1．ソーシャルワーク実践の科学化

　ソーシャルワーク実践の科学化について、岡本民夫は3つのタイプを挙げる（岡本2000：251-3）。第1は、ソーシャルワークの展開過程に見られるように隣接諸科学の理論を実践に応用する「科学的体系化」である。このタイプは、ソーシャルワークの理論が外部の隣接諸科学からの導入、援用であって、ソーシャルワーク自体から内在的、自生的に生成された科学ではないという理由で、ソーシャルワークの科学としての独自性が欠如していると指摘される。第2は「実践の科学化」であり、ソーシャルワーク独自の理論構築のために、現場での経験を体系的、系統的に集積し、そこから経験法則を抽出して理論構築を図ろうとするものである。これらの2つの方法に対して、岡本は第3のタイプを挙げる。これは「利用者の援助理論の構築」であり、利用者のニーズを情報源として、ソーシャルワーカーとクライエントが協働して援助のあり方を構築していくことを意味する。このタイプを挙げる背景には、従来の科学観の基盤にある論理実証主義的思想への批判として登場した構築主義／社会構成主義などのポストモダン思想の影響がある。なお、構築主義と社会構成主義の用法について、本論では同義語として扱い、参考文献の用法に従って用いる[1]。

　伝統的にソーシャルワークの科学化は、実証主義的な思想を基盤とした科学に基づいて形成されてきている。しかし、実践の科学化という概念の「科学化」が従来の実証主義思考であるのならば、利用者の語りを重視した援助関係を主張する社会構成主義思想との違いを明確にする必要がある。また実践知を論じている諸研究においては、実証主義的な近代知を批判した上で、新たな視座から知を論じるものが多く、またそれらがソーシャルワークに与える影響も大きい。

　わが国の福祉実践では、ソーシャルワークの理論と実践との乖離が大きいと

第Ⅷ章　ソーシャルワーク実践における知と論理

言われている。このような状況を改めていくには、岡本のいう実践の科学化は重要である。そのためには、実践知とは何か、その基盤にある思想が何を主張するのか、利用者ニーズの論理化と実践の科学化がどう関係するのかといったことを明らかにしなければならない。

2．ソーシャルワークの実践知

　実践知を実践の科学化との関連から検討しているのが、平塚良子である。平塚は実践知を「ソーシャルワークに内在する理論知の応用行為を含むソーシャルワークの経験知であり、ソーシャルワーカー個人の身の内に形成された知、すなわち、身体知である」という（平塚2011：61）。実践知とは、実践するソーシャルワーカーの経験知であり、身体知であるとしており、経験知と身体知が同義的に置かれている。

　別言すると、身体知は、ソーシャルワーカーが対象世界を身体の諸感覚を通して知覚したときに捉える知であり、それが自己の中で修正され、練り直されて経験知として形成されていくという意味である。また、実践知は「アートの知」とも同義とされ、これは実践におけるソーシャルワーカーの属人性の強いスキルの側面をいう（岡本・平塚2004：16）。平塚がいう実践知は身体知を基盤にして把握されているが、このような理解は中村雄二郎の「臨床の知」の概念に依るところ大きいと考えられる。

　藤井達也は、ソーシャルワークにおける実践と理論の乖離の解消をめざして、実践における知識創造の視点から実践知を論じている（藤井2003）。藤井は、ソーシャルワークにおける実践と理論との乖離を生み出し、存続させてきたものは研究者と実践者の分業にあるという。研究者は学術的文脈で理論の創造や翻訳輸入を行う一方で、実践者はその知識を応用するという分業形態である。この分業を双方向的な関係にするには、研究者は実践者から理論の生産的な使い方を学ぶことであり、また実践者は理論を実践で使用することで新たな知識創造ができることを知り、その方法を学ぶことだとされる。ここで重要な意味をもつのが、知識創造である。

第Ⅲ部　ソーシャルワークとアドミニストレーション

　知識創造について検討するに先立ち、藤井は専門職の「知」についての先行研究を取り上げており、ショーン（Schön, D. A.）の「行為の中の知」や「行為の中の省察」、上野千鶴子の「経験知」や「共有知」、野中郁次郎の「知の創造」などについて概説している。特に、野中の説を多く援用しながら、ソーシャルワークにおける実践知について考察を行っている。

　藤井がいう知識創造は、野中郁次郎が唱える知識創造論に基づく（藤井2003：113-6）。野中は知の創造プロセスを暗黙知と形式知の相互作用として両者の関係性をとらえる（野中他1999：11）。さらにそれらは個人、集団、組織へと螺旋的に発展して、個人に戻るというプロセスとして繰り返されるのである。ここでの暗黙知とはポランニー（Polanyi, M.）の援用であり、言語化の困難な知である。一方で、形式知とは言語で伝達できる客観的な知をいう。

　この捉え方がソーシャルワーク実践に適用され、「ソーシャルワーカーは、形式知だけを用いる『合理的実践家』ではなく、形式知が暗黙知化されて直観的に活用されるなど、種々な暗黙知」を身に付けて実践しており、「知識創造を螺旋的に展開している」と論じられる。つまり、ソーシャルワーカーの実践知は形式知と暗黙知との相互作用の中で生じるものであり、ソーシャルワーカーはそのことを自覚するとともに、研究者には実践の現場からの知識創造を認識して、実践者との協働関係の中で知識創造に貢献することが求められると結論づけている。野中の所説を基盤にして「実践知は、形式知と暗黙知の両方に重なり、手法的技能と認知的技能の両方を含む」とされ、また実践知は場と切り離せないとも述べている（藤井2003：116）。

　ショーンがいう「行為の中の省察」については、ソーシャルワークの専門職や専門性と関連して他の研究者も取り上げている（横山1999、南2007、大谷2012、空閑2012）。日和恭世はこれらのソーシャルワークにおける省察に関する研究をレビューして、わが国では「ソーシャルワーカーの思考の様式やプロセスに焦点を当てている研究はほとんど見当たらない」として、この側面からの研究の必要性を述べている（日和2015）。

　ソーシャルワーカーの実践知について考察する場合、「行為の中の省察」の

第Ⅷ章　ソーシャルワーク実践における知と論理

概念は重要である。日和の言うように、省察の概念はソーシャルワーク領域でこれまで行われてきている事例検討や自己覚知などと共通性があるが、近年になって重要視されているのは、実践の中にこそ、今まで言語化されてこなかった実践の知が蓄積されているというショーンの考え方が大きく影響しているからである。さらに、ショーンは実証主義に対する批判を土台にして省察を検討しており、この意味においても岡本がいう第3の課題に応え得るものである。

第2節　近代の知と経験知

ソーシャルワークの実践知に関する議論をさらに深めるには、上述の所説が依拠する理論的枠組みについて理解する必要がある。ここでは中村雄二郎の「臨床の知」およびショーンの「行為の中の省察」について精査していきたい。

1．近代の知と臨床の知

哲学の領域で近代の知に対して臨床の知の概念を展開しているのが、中村雄二郎である。わが国のソーシャルワークの論文においても中村の論考が広く引用されており、ソーシャルワーク実践が抱える課題に対する解決に示唆を与えている。

中村は、臨床の知とは「近代科学への反省のもとに、それが見落とし排除してきた諸側面を生かした知のあり方であり、学問の方法である」と述べている（中村1992：125-6）。つまり、臨床の知は近代の支配的な知である科学に対する批判と疑義をもって提示された概念である。したがって、臨床の知を理解するためには、近代の知を表す科学の特性を確認する必要がある。

近代の知の特性について、中村は次の3つの原理を挙げる（中村1992：129-30）。第1は普遍主義である。地域的、文化的、歴史的な特殊性を乗り越え、理論が例外なしに適用されることをいう。第2の論理主義は理論が首尾一貫性を保持しており、曖昧さがないことである。第3は客観主義であり、個人の主観ではなく誰にも明白な事実として対象化して捉えることをいう。

第Ⅲ部　ソーシャルワークとアドミニストレーション

　しかし、近代の知は、「固有世界、世界の多義性、身体性を備えた行為」を覆い隠し、生命現象や対象との相互関係といった関係で表出する現実を無視しているのである（中村1992：9）。現実は多義的であって、単一の因果関係で説明できるものではない。また、私たちの現実生活は意味にあふれており、事象は多面的に捉えられる。さらに、主体と客体という分離は事物の独立性を促し、客体化された対象は主体の働きかけを被るものとされるが、現実世界ではそれらの関係は相互作用の関係とみなされる。

　これらの科学の原理に対して、中村は臨床の知を提起し、その原理として、①コスモロジー　②シンボリズム　③パフォーマンスの3つを挙げる（中村1992：133）。臨床の知とは「個々の場所や時間のなかで、対象の多義性を十分考慮に入れながら、それとの交流のなかで事象を捉える方法」（中村1992：9）と説明される。コスモロジーとは、場所や空間を均一ではなく、個々が意味をもった領界と見なすものである。また、シンボリズムとは物事を多義的に捉える立場をいう。パフォーマンスは単なる身体を用いた行為ではなく、行為に関わる人々の相互作用という視点から捉えられる。つまり、臨床の知は「個々の場合や場所を重視して深層の現実に関わり、世界や他者がわれわれに示す隠された意味を相互行為のうちに読み取り、捉える働きをする」（中村1992：135）ものとしての特性をもつのである。

　臨床の知を考察するには、現実と深く関わっている経験や日常の実践が改めて重要になる。経験は「活動する身体」を備えた主体が他者と行う相互行為と捉えられる。しかも、単なる他者との相互行為ではなく、能動的に身体を備えた主体として、他者からの働きかけを受け止めながらふるまうことを不可欠とする（中村1992：63）。

　さらに、実践については今までの見方を反省した上で、新たな視点から捉えている。実践は短時間で決断し選択しなければならないことが多いが、そのために、問題の単純化が生じる傾向があり、そこに普遍性や論理性が働くと実証主義は考えていた。それを排して、「実践とは、各人が身を以てする決断と選択をとおして、隠された現実の諸相を引き出すこと」として捉え直しをする

第Ⅷ章　ソーシャルワーク実践における知と論理

（中村1992：70）。加えて、実践は極めて具体的であり、場所的、時間的なものでもある。経験と実践は無関係ではなく、経験の中でも意思的で決断や選択を伴うような能動的な経験が実践であるとされる（中村1992：71）。

臨床の知とは「諸感覚の協働に基づく共通感覚的な知」であり、「直観と経験と類推の積み重ねである」とされる（中村1992：136）。中村は、医療の領域においては科学的医学と臨床の知がアマルガムとして融合することが重要だとして、患者と向き合う臨床の場では「医者の人間性（人柄）と技能（アート）」が科学の権威よりも優ることを強調している（中村1992：167）。

2．「行為の中の省察」の概念

（1）技術的合理性とは何か

ショーンは、諸種の領域で専門職の「知」に大きな影響を与えている実証主義に基づく実践的認識論を「技術的合理性」と捉え、その限界を主張する。社会に数多く存在する職業の中で専門職として認知されているものは多くはない。それらの専門職に認知度の高いものから低いものまで差があることは多くが認識するところである。例えば、わが国では国家資格といわれるものに、業務独占資格と名称独占資格という区分があり、前者は資格がなければその業務を行うことができないものであり、後者は単に名称を名乗れるというものであって、無資格でも業務を行うことができる。前者の典型が医者であり、社会福祉士は後者に含まれる。その差が医者をメジャーな専門職に、ソーシャルワーカーをマイナーな専門職に位置づける。この区分の基準は「技術的合理性」にあり、これは専門職の活動を「科学的な理論と技術を厳密に適用する道具的な問題解決にある」（Schön = 2001：19）と見なす。社会的に認知されたメジャーな専門職は、体系化された科学的知識に基づく理論と技術および安定した制度においてその活動がなされているのである。マイナーな専門職は、経済学や政治学などの主要な学問に依存して理論構成がなされ、科学的知識の体系化の側面では弱い位置に置かれている。

技術的合理性の根拠となる実証主義は、仮説を構成し、実験等を通してそれ

を立証することを唱える。その立場からは実践的知識は取り扱いにくい存在である。そこで、実証主義は「実践的知識を目的に対する手段の関係についての知識」として解釈したのである（Schön＝2001：44）。つまり、実践では科学に基づく技術を使用することで最適な手段を選択できるという考え方に基づいて実践との適合性を図っているのである。このモデルの典型が医者であり、科学的根拠に基づく疾病分類で診断し、治療する。理論的知識を目的に対する手段としての実践的知識に転換することで、技術を生み出したのであり、それは職人わざやアートに取って変わったのである。

（2）技術的合理性の限界

　医学や工学の領域では、技術的合理性に基づくモデルが成功を収めていく一方、その方法では十分に対処できない領域のあることが次第に明らかになってきた。私たちが生活する世界は複雑で不確か、不安定であり、独自性が強く、価値葛藤が常に発生している。このような状況では、技術的合理性がいう、確立された目的に沿った選択や決定が機能しない。技術的合理性は、既に設定された問題の解決のための最適な手段を選択することを強調するが、現実には何が問題かということ自体が決定されていない。

　ソーシャルワーク実践は、まさにこの典型だと思われるが、クライエントが抱える問題のほとんどは、複雑で不確かな生活上の問題である。ショーンは「この種の不確かな状況が実践にとって中心的だと次第にみなすようになってきた」（Schön＝2001：57）と述べて、技術的合理性モデルでは適用できない実践のあることの認識の拡がりを指摘している。

　複雑で不確定、不安定な状況の中で問題を設定しなければならない時に、人はどの「ことがら」に着目して境界を設定するかを考える。そして、注意する対象に名前をつけて、その文脈に枠組みを与えている（Schön＝2001：58）。問題設定の段階で何を取り上げるかという選択がなされており、そこには取り上げられないことも多く残るのである。このような見方は実証主義的技術合理性の視座からは見出すことはできない。

第Ⅷ章　ソーシャルワーク実践における知と論理

　ショーンによれば、実践の場では理論や技法がうまく使用できる状況もあれば、状況が複雑で交錯しているような場合もある。後者の場合に、実践者は自分たちのカテゴリーの範疇に入らないデータには注意を向けないで、このような事例に反抗的とか多問題といったラベルを貼ってきたのである（Schön ＝ 2001：65）。
　ソーシャルワーク実践では援助の対象となる生活困難が複雑多様で、極めて不確かな状況で現れており、まさにショーンが指摘するようなジレンマを多くのソーシャルワーカーが体現している。この意味でも、ソーシャルワークでは技術的合理性に基づく実践が困難であることは明らかである。このような技術的合理性の限界を示した上で、ショーンは、不確実で不安定な状況に実践者が持ち込んでいる直観的で暗黙に作用する実践的認識論を探究することが必要だという「行為の中の省察」の概念を導き出すのである（Schön ＝ 2001：75）。

(3)「行為の中の省察」が意味すること

　専門職の実践における「知」は技術的合理性に依拠しているのではなく、ショーンは「行為の中の省察」の過程だという。私たちの知的行為には「ある種の知が本来的に備わっている」（Schön ＝ 2001：78）のである。これは私たちが日常で経験することでもあり、無意識的に行う行為や認知、判断などがその例である。判断や認知の学習には気付かず、ただ行っていることだけが判ることは多い。さらに、「行為の中の知」は「行為の中の省察」を導き出す。これは行為していることについて思考することを意味している。ショーンは、行為の中の省察の多くが、驚きの経験と連動するというが、直観的で無意識的な行為について考えるきっかけは、思いがけない結果がある時である（Schön ＝ 2001：91）。
　専門職の実践においては、不確かな状況の中で困惑したり対処に困ったりする場合などに、直面している現象を省察して、それまで暗黙となっていたことを考え、その現象を新たな枠組みで捉え直したりすることは多い。この捉え直しは「枠組み実践」とされ、専門職が問題設定の新たな枠組みを構築すること

である。このような省察は、「すでに確定した理論や技術のカテゴリーに頼るのではなく、独自の事例についての新たな理論を構成する」という方法であり、この省察を実践する専門職は「反省的実践家」とされる。一方で、技術的合理性からのみ実践を捉えようとする者は技術的熟達者といわれる（Schön = 2001：119-20）。

　技術的熟達者は既成の理論的知識の枠内で解決しようして、その枠に収まらない情報に注意を向けない。しかし、不確かで価値葛藤が生じるような状況で、反省的実践家は状況を様々な角度から省察することで多様な解決の方向を探ろうとする。実践におけるジレンマに注意することは省察を導き、実践的認識論に研究を促すことになる。

　実践における省察を軸にして、ショーンは専門職とクライエントの関係についても論じている。専門職が反省的実践家となることは、第1に意味づけや認識し計画する能力が、クライエントにもあると考えることである（Schön = 2001：146）。第2には、クライエントに対して、専門職としてのあるがままの能力の事実が開かれていることである。第3には、熟達した能力を示すことよりも、不確実であることを表すことである。つまり、実践の中の知を顕わにすることで、自らをクライエントと向き合う存在とすることが求められる。ショーンがいう専門職とクライエントの関係は、ラディカルな立場から要請されている、クライエントと専門職との対抗的な関係や専門職を素人の市民専門家に変えることの必要を主張するのではない。専門職が自らの実践に省察的になり、クライエントとともに反省的対話を実践することを示しているのである。

第3節　対話的な知と排除されたもの

1．構築主義と経験知

　社会学の視座を経験知として捉える上野千鶴子は、その経験知が「経験的対応物」をもつことを第一に挙げる。経験は常に他者との関わりの中で生じるも

第Ⅷ章　ソーシャルワーク実践における知と論理

のであって、自己内に閉ざされた精神活動から生まれるものではない。そこでは、「他者によって承認を受けること」が求められる（上野1997：50）。この他者の承認は、上野の言葉によれば「実体性」であり、一般的には実証性を意味する。

　経験知は他者との相互作用から生じるものであるが、それは「誰がみてもそれと指定できるような客観的な知」ではない（上野1997：53）。相互作用する人々から分離して位置付けられるような知とは異質である。このような経験知の捉え方はポスト構造主義以降の「言語論的転換」を受けた構築主義に基づく。

　構築主義は近代的な科学を成立させる①法則性　②論理性　③客観性といった近代知の原理を批判する。批判の一つは、客観性が対象の全体を認識できるという命題が、現実や経験知の多元性を排除することである。二つ目は、認識主体が中立であるという見方が研究者のバイアスなどを不問にすることである。三つ目は、真理があるという見方が多様な解を排除することである（上野1997：70）。

　このような構築主義の考え方は、フーコー（Foucault, M.）の思想に依るところが大きい。フーコーは近代知が排除してきたものに着目した考えを示して、従来の知の見方に替えて系譜学的知を提起した。その特徴の一つは、「『ここにあるもの』が何を排除して成り立ったかを明らかにすることを通じて、選択の相対性」を明確にすることである（上野1997：66）。ここでいう選択の相対性とは、フーコーがいう言説（ディスクール）の概念に合致する。ディスクールを構成する単位は言表（エノンセ）とされ、それが全体的にまとまって言説を編成する。言表は単なる表出された言葉や文章ではなく、常にその相関項をもち、それは社会的、歴史的な諸条件と関わっているのである。換言すると、言表がまとまって、そのまま言説となるのではなく、言表の相関項を通して言説として編成されていく。しかも、その編成には戦略的な力の関係が働いているのである。

　このことが意味することは、言表が言説としてまとめられていく中で、言説として編成されていったものと、そこから排除されたものとがあるということ

である。何を取り込み、何を排除するのか、といったことにおいて選択がなされる。しかも、その選択には何らかの力関係があるのであり、それはあくまでも相対的なものとされる。

　科学的な知も一つの学における言説であり、経験知とされる社会学の理論も一つの言説である。そこには言説となりえなかった、言表が多くある。言説に働くのが力であり、それは学問の領域においても同様である。上野はこれを学問の政治性として捉え、学知の政治性を支えるのは「知の再生産制度それ自体の政治性」であるという（上野1997：76）。アカデミズムといわれる知の再生産の制度が何を学知として編成し、何を排除するのかが問われるのである。経験知である学知が政治的な力によって言説として構築されていくのであれば、そこでの研究者の立ち位置が問題になる。研究者はマジョリティやマイノリティを作り出すカテゴリーの境界に絶えず敏感になることが指摘される（上野1997：79）。この観点はソーシャルワーカーとクライエントとの関係においても重要である。

2．ナラティブアプローチと協働性・再帰性・多様性

　社会構成主義は家族療法の領域において、新たにナラティブ・セラピーという方法を生み出した。これはソーシャルワークにも影響を与えており、レアード（Laird, J.）はナラティブの立場からの家族ソーシャルワーク論を展開している。特に、ソーシャルワーカーとクライエントとの対等な関係を協働的関係として捉えて、クライエントがもつ知をワーカーの知と対等と見なし、当事者性を組み込んだ実践を目指している。

　筆者は社会構成主義を援用してストレングス視点を取り上げ、その中でソーシャルワーカーとクライエントとの協働的関係に関して論じている。そこでは、レアードを引用しながらソーシャルワーカーの保有する実践論としての知識とクライエントが自分のこととして捉える知とが対等であることを指摘している（狭間2001：91-2）。レアードはソーシャルワーク実践における協働性、再帰性、多様性の重要性を説く。協働性はワーカーとクライエントとの対話の中で展開

していく意味や言説の重視であり、再帰性は自らを観察の対象として振り返ることを意味する。多様性とは状況の理解の多様性を認めることであり、ワーカーが多様な考えを生み出すような会話的空間を創り出すことをいう（Laird 1995：157-8）。

第4節　ソーシャルワーク実践とレンマの論理

1．ソーシャルワークの実践知に関する課題

　上述の藤井や平塚がいう実践知は、専門職としてのソーシャルワーカーの実践知の形成に焦点化して論じられており、ソーシャルワーカーの実践知にクライエントの知をどのように組み込むかという議論は取り込まれていない。一方で、社会構成主義に立つナラティブアプローチでは、他者との対話知を重視しており、言説は社会的相互作用によって構築されるという立場である。したがって、実践においてはソーシャルワーカーとクライエントとの協働的関係が重視され、クライエントの知を組み込むことを主張する。しかし、この考え方はワーカーの実践知の形成や構成についての議論を十分に取り上げていない。権威主義的な専門職のあり方を批判する立場を取るので、実証主義的な形式知に対する批判に焦点化している。

　また、ショーンがいう「行為の中の省察」の概念は上記の2つの側面を含有しており、ソーシャルワークにおける実践知の形成を省察として捉えるとともに、ワーカーとクライエントの関係も「反省的対話」を軸にして両者を対等な関係に位置づけようとしている。さらに、省察において実践者のフレームが実践状況を変えていくことは、研究と実践の交換をもたらすとも述べており、省察において実践者が自らのフレームに気づき、それに批判的になることの意義を強調している（Schön ＝2001：175）。その意味でショーンの説はソーシャルワークの実践に大きな示唆を与える。しかし、「実践の中の省察」過程で実践者が技術的合理主義に陥ることなく、換言すると、実証主義の見方に縛られる

ことなく省察していくには、実践者自身の思考の基盤にある論理が問われる。論理が実証的であれば、その省察は技術的合理主義になりやすい。

ここでは、実践知と理論知との関係および援助における協働的関係を検討するために「レンマの論理」に依拠して考察していく。筆者は、ソーシャルワーカーが実践において新たな社会資源を創出する基盤にあるワーカーの見方を抽出し、そこで機能しているソーシャルワーカーの論理をレンマの論理として論じた（狭間2016）。ソーシャルワークの理論がロゴスの論理で構築されることに対して、実践ではレンマの論理が優先することを示したのである。

2．ロゴスとレンマの論理

（1）ロゴスの論理と排中律

近代知は実証主義を基盤として展開しており、この基本原理は普遍主義、論理主義、客観主義で表される。この中で論理主義は理論の一貫性を意味しており、思考の根本ルールでもある。論理主義は形式論理学の基本であるロゴスの論理に依っており、ロゴスの論理の基本には、①同一律、②矛盾律、③排中律の3つの原理がある。同一律とは、「AはAである」ということであり、矛盾律とは「Aは非Aではない」という判断である。つまり、「犬は犬である」ということと、「犬は犬でないものではない」という意味である。さらに、排中律とは「AはAであるか、非Aであるかのいずれかである」という判断形式である。つまり、排中律とはAと非Aに区分して、どちらにも属し、どちらにも属さないという曖昧さを排除するルールである。排中律は英語で「law of the excluded middle」と表記される通り、「あいだを排除する法則」という意味である。ロゴスの論理に立てば、あいだや曖昧さは排除されるのであり、実証主義に立つ理論にはあいだがあってはならないのである。

あいだを排除することは、区分によって物事を分けることである。近代知とは「分けること」で成り立っているのであり、自然科学の発展は分析によるものということもできる。しかし、この近代知を成り立たせているロゴスの論理に対して、東洋思想を組み込みながら、分けられたものの「あいだ」をつなご

うとした論理がレンマの論理である。

（2）レンマの論理と実践知

レンマの論理を提唱したのは、西田哲学の流れを汲む山内得立である。山内は西洋哲学の基盤にあるロゴスの論理がAと非Aのあいだを認めない排中律を基本原理とすることに対して、あいだを認めるレンマの論理を展開する。レンマの論理を風土学と関連する視座から「あいだをひらく」ことの意味を論じているのが、木岡伸夫である。ここでの実践知とレンマの論理の関係については木岡の説に依拠して進めていきたい（木岡2014）。

山内はロゴスの論理がいう二者択一の思考ではなく、インド哲学の龍樹の『中論』の論理に基づいてテトラレンマを提唱した。テトラとは「4つ」という意味であり、レンマは「直観的把握」のことを言う。つまり、テトラレンマとは4つの直観的把握の形を示している。それらは①A（肯定）、②Ā（否定）、③Aでもなく、Āでもない（肯定でも否定でもない）、④Aでもあり、Āでもある（肯定でもあり、否定でもある）という4つのレンマである。特に、山内は第3レンマで肯定も否定も否定とする論理を第4レンマより先に示しており、これは「絶対否定」といわれる。

西洋哲学の基本原理である排中律があいだを排除することに対して、「絶対否定」の思想は相容れない二者のあいだを認める。それは「Aである」という肯定と「Aではない」という否定を同時に否定することであり、「肯定も否定もともに否定することによって、〈肯定−否定〉の対立そのものを否定する」（木岡2014：21）という意味である。

排中律を逆転させる「絶対否定」を山内は「即の論理」としており、即とは「分たれたものが同時にあり、分たれてあるがままに一であること」とされる（木岡2014：28）。区分されたものが同時に一つであるということは、時間と空間との違いから説明される。ロゴスの論理に立つ弁証法が時間軸において二項の対立を乗り越えようとするのに対して、即の論理は両立できないものを空間の差異として捉える。両立し難いものが空間的に並立しうることは差異関係で

あり、それは対立ではなくて「欠如性」で示される。一方が持つものを他方が持たないという意味での欠如性をいう。レンマの論理は「存在を中間的な形態、差異においてとらえようとする」のであり（木岡2014：68）、異なるものが相いれずに対立するのではなく、両者がある程度共通する存在であると認めることは、「差異は中間的なものを予想し、異なるものとものの〈あいだ〉が開かれている」ことにつながる（木岡2014：68）。

「即の論理」の根底には「縁起思想」がある。これは「火と薪」の関係に例えられ、火は薪がなければ燃えず、薪も火がなければ燃えないような関係のことをいう。それは「相依相待（そうえそうたい）」として表され、「それぞれが互いに他を待って、他に依って、自己の存在を表すこと」（木岡2014：31）を意味する。つまり、縁起とは交互的な関わりである。一方で、ロゴスの論理は因果関係として捉えられ、原因が一定の結果をもたらすという関係である。木岡によれば、「何かに『縁って』何かがある、という関係を基本と見るなら、縁起は因果よりも広大な関係性を表す」（木岡2014：35）のであり、それゆえにレンマの論理はロゴスの論理を含むものとして捉えられるのである。

ロゴスの論理が明確な区分によってそれらのあいだを認めない原理を土台とするのに対して、ロゴスの論理は差異の概念を組み込むことで、異なるものとものとのあいだをつなぐ。さらに、レンマはロゴスを包含しており、レンマの論理からロゴスとしての論理化が構築されていく。この視座をソーシャルワークの理論と実践に当てはめると実践ではレンマの論理が優勢であり、それらの中から何かを選択／排除する中でロゴスの論理による理論化が展開していくと考えることができる。

（3）ソーシャルワーク実践とレンマの論理
1）実践知のもつ融合性

ソーシャルワーク実践では、レンマの論理が優先される中で援助活動がなされていると見なすことができる。制度的な社会資源が欠如している場合に、ソーシャルワーカーがいかに新たな社会資源を創り出しているかということに

焦点化した調査に基づいて、筆者はソーシャルワーク実践で働く論理をロゴスの論理ではなく、レンマの論理として捉える視座を考察した（狭間2016）。具体的にはソーシャルワーカーはクライエントのニーズを充足するための社会資源の創出において、制度／非制度といった区分され、固定したカテゴリーに従うのではなく、社会資源の境界を多様に変化させながら、利用できるものはすべて利用するという姿勢で新たな社会資源を創り出していることを明らかにしたのである。実践における社会資源の捉え方には、区分化以前にその基盤にレンマの論理があると論じたものである。

では、実践から生み出される実践知において論理はどのように機能しているのだろうか。平塚は理論知と経験知を含めて実践知とし、実践は実践知と科学知の間を行き来すると述べた。さらに、藤井は、実践知は形式知と暗黙知の両方を含め、形式知と暗黙知との相互作用によって知が創造されるとした。これらの論考をレンマとロゴスの論理に照らしながら、実践知について再考していく。

レンマの論理はロゴスの論理を含有する。実践がレンマの論理に立ち、理論がロゴスの論理であるとすると、実践が理論を包含するということができる。換言すると、実践から生み出される実践知から理論が生み出されるのである。実践で生成される多様な見方をロゴスの論理で把握するのは難しい。レンマの論理は「直観的把握」を意味しており、実践では直観的に捉えられる見方や手法から経験知が生まれてくるのである。実践知は経験知と理論知との行き来で構築されるとすると実践知にはロゴスとレンマの論理がともに働いているといえる。実践知は実践と理論を媒介するとともに、実践での省察を通して新たな実践知が生み出される。実践ではレンマの論理が優先するが、実践知ではレンマとロゴスの論理がともに機能し、さらにそれが理論化される中でロゴスの論理が優先されるという循環性として捉えることができる。

2）実践知における実証主義と構築主義の並存

このように実践知を読み解いていくと、実践や実践知においては実証主義と

構築主義との関係を対立関係と見るのではなく、並立し得る関係として理解できる。理論化の過程ではある基準によって区切られた知が理論として体系化されていく。理論は実践知の多くを排除した中で構築されていくのである。理論の創出の過程で重要なことは、実証主義が排除する多くの見方にソーシャルワーカーが常に向き合うことであり、何を選択し、排除したかに自覚的であることである。ここにおいて、構築主義がいう対話的な知が構築されていくと考えることができる。ソーシャルワーカーとクライエントの協働的関係が位置づけられるのである。

　レンマの論理は空間的な共存の論理であり、場所的な近接性として把握される。そこでは、新たな区分によって他のものが排除されることはない。この考えをソーシャルワーク実践に置き換えてみると、ソーシャルワーカーの知とクライエントの知はいずれかが選択されたりするのではなく、共存しうる。実践とはこのような意味でレンマの論理に立っているのである。この見方はソーシャルワーカーとクライエントの協働的な関係を根拠づける。このような協働的な関係を基盤にして構築された実践知が理論化していく過程でクライエントの知を排除しないことが重要である。ソーシャルワーカーが自らの実践知を理論化するには、言語化の力が鍵になる。言語化の過程でショーンが言うように新たな枠組みを創ることになるが、その枠組みの基準は何か、何が排除されたのか、といったことを説明する責任も生じるのである。ソーシャルワーカーは排除されるものに常に敏感でなければならない。

　さらに、このような実践知の捉え方は、実践における理論的アプローチの多元さを認めることにもなる。ショーンがいうようにソーシャルワーカーはマイナーな専門職であり、ソーシャルワーカーが関わる問題は複雑で価値葛藤に巻き込まれることが多い。また、クライエントが抱える問題は個別性が強く、一つの理論的なアプローチで対応できるというものではない。

　ターナー（Turner, F.J.）はソーシャルワークの諸種のアプローチをまとめており、そこでは28のアプローチが取り上げられている。このアプローチの多様さはソーシャルワークの実践と理論との関係をレンマとロゴスの論理の関係

第Ⅷ章　ソーシャルワーク実践における知と論理

として見ると理解できる。つまり、複雑で曖昧な状況を対象にした実践の中から多くの実践知が生まれ、そこからアプローチが理論化されていくと見なすと、多くのアプローチが誕生せざるを得ないのである。岡本がいうように、これらのアプローチが他領域の理論を応用していることで、ソーシャルワークの固有性が欠如する問題はあるが、諸アプローチが唱える手法には実践から生み出されたものが多く蓄積されている。

　他方、アプローチを実践に応用していく方向では、ワーカーは状況に応じたアプローチを参考にしながら、理論知を実践とすり合わせながら有効なアプローチを選択していく。決して一つのアプローチに固執するのではなく、ショーンのいう実践での省察を重ねながらの実践がなされる必要がある。

3）わが国のソーシャルワークにおける実践と理論との乖離
　わが国のソーシャルワークでは実践と理論が乖離していると言われて久しい。その理由にはいろいろと挙げられるが、藤井は「研究者と実践者との分業である」と述べている。分業を発生させる要因の一つに、理論が西洋思想の基本であるロゴスの論理に基づいているのに対して、実践ではレンマの論理が優勢することが挙げられる。

　特に、わが国の文化は「曖昧さ」を特色の一つとしている面がある。レンマの論理は縁起思想と深く関わっており、縁は空間での共存性を示すとともに、縁側の意味にも通じる。東洋思想を取り込んで風土学を提唱するベルク（Berque, A.）は、「日本の文化は縁で溶接されている」という（ベルク1994：253）。その例として、わが国で多い縁側を取り上げ、縁側は家の外でもなく内でもなく、外でもあり内でもあるとして、縁側が外か内かという区分ができないところにあることを示している（ベルク1994：80）。このようにわが国の文化は明確に外・内という区分をしない「あいだ」をもつ文化である。

　この意味ではわが国のソーシャルワーク実践がこのような曖昧さを保持して行われていると見なすことができる。一方で、ソーシャルワーク実践論が欧米の理論の直輸入であるとともに、研究者のコミュニティではロゴスの論理が優

先される。このような状況がわが国での実践と理論の乖離の背景にある。わが国の福祉実践の場で構築されている実践知を欧米の理論と同じ立ち位置で一つのアプローチとして組み込んでいくことが今後はさらに重要である。

おわりに

　レンマの論理を提唱した山内得立は、西洋哲学と東洋哲学との融合を図りながら、存在論について考察している。わが国の文化には区分されたものをつなぐという意味での「縁」の文化がある。縁は区分されたもののいずれにも属さず、いずれにも属すという曖昧さをもつ。この曖昧さは、わが国の文化に深く浸透しており、ソーシャルワーク実践においても同様である。実践と理論との乖離の課題や実践の科学化について検討していくには、この観点から考察することも必要である。他領域からの借り物の理論の上に成り立つ科学ではなく、ソーシャルワーク固有の科学を構築するには、わが国の風土で創り出される実践知への研究者の眼差しが重要である。

注
1）構築主義と社会構成主義の用法の違いについては、上野（2001：ⅱ）に詳しい。

引用・参考文献
・藤井達也（2003）「ソーシャルワーク実践と知識創造」『社會問題研究』52（2）、101-22.
・木岡伸夫（2014）『〈あいだ〉を開く―レンマの地平』世界思想社.
・木岡伸夫（2011）『中間としての〈あいだ〉 ― 〈生の論理学〉への前哨』関西大学文学論集、61（3）.
・ベルク, A.（Berque, A.）篠田勝英訳（1992）『風土の日本』ちくま学芸文庫.
・ベルク, A.（Berque, A.）宮原信訳（1994）『空間の日本文化』ちくま学芸文庫.
・フーコー, M.（Foucault, M.）中村雄二郎訳（1981）『言語表現の秩序』河出書房新社.
・狭間香代子（2001）『社会福祉の援助観　ストレングス視点・社会構成主義・エンパワメント』筒井書房.
・狭間香代子（2016）『ソーシャルワーク実践における社会資源の創出　―つなぐことの論

第Ⅷ章　ソーシャルワーク実践における知と論理

　　理―』関西大学出版.
・平塚良子（2011）「ソーシャルワーカーの実践観　―ソーシャルワークらしさの原世界」『ソーシャルワーク研究』36（4），相川書房.
・日和恭世（2015）「ソーシャルワークにおける reflection（省察）の概念に関する一考察」『別府大学紀要』56、87-97.
・空閑浩人（2012）『ソーシャルワーカー論―かかわり続ける専門職のアイデンティティ』ミネルヴァ書房.
・Laird, J. (1995) Family-Centered Practice in the Postmodern Era, *Families in Society : The Journal of Contemporary Human Services*, 76(3) 1995.
・南彩子（2007）「ソーシャルワークにおける省察および省察学習について」『天理大学社会福祉研究室紀要』9, 3-16.
・中村雄二郎（1992）『臨床の知とは何か』岩波書店.
・中山元（1996）『フーコー入門』ちくま新書.
・野中郁次郎・紺野登（1999）『知識経営のすすめ　ナレッジマネジメントとその時代』ちくま新書
・岡本民夫・平塚良子編著（2004）『ソーシャルワークの技能』ミネルヴァ書房.
・岡本民夫・平塚良子編著（2010）『新しいソーシャルワークの展開』ミネルヴァ書房.
・大谷京子（2012）『ソーシャルワーク関係―ソーシャルワーカーと精神障害当事者』相川書房.
・ポランニー, M.（Polanyi, M.）高橋勇夫訳（2003）『暗黙知の次元』筑摩書房.
・桜井哲夫（2001）『知の教科書　フーコー』講談社.
・Schön, D. A. (1983) *The Reflective Practitioner : How Professional Think in Action*, Basic Books.（=2001、佐藤学・秋田喜代美訳『専門家の知恵　―反省的実践家は行為しながら考える』ゆるみ出版、=2007、柳沢昌一・三輪健二監訳『省察的実践とは何か―プロフェッショナルの行為と思考』鳳書房）.
・Turner, F.J. (1996) *Social Work Treatment : Interlocking Theoretical Approaches*, Macmillan Publishing.（=1999、米本秀仁監訳『ソーシャルワーク・トリートメント　上・下　―相互連結理論アプローチ』中央法規）.
・上野千鶴子（1997）「〈わたし〉のメタ社会学」見田宗助・井上俊他編『岩波講座現代社会学第1巻　現代社会の社会学』岩波書店.
・上野千鶴子編著（2001）『構築主義とは何か』勁草書房.
・内田隆三（1990）『ミシェル・フーコー　主体の系譜学』講談社現代新書.
・山内得立（1974）『ロゴスとレンマ』岩波書店.
・横田恵子（1999）「ソーシャルワーク実践における調査研究：実践者が自らの経験を読み解くために」『社會問題研究』49（1），113-26.

あとがき

　2000年以降の一連の福祉改革に対して、社会福祉実践はどう向き合っていくのか。また、その背景にある理念をどのように考え、これまでの実践をどう省みなければならないのか。本書は、その一つの答えを挑戦的に出したものであるが、議論の方向性がやもすると少々まとまっていないところもあり、それに答えることができたのかは、不安なところである。読者の方の忌憚のないご意見、ご批判をお願いしたい。

　本書は、関西大学人間健康学部のスタッフによる、これまでの学部からの協働の取り組みから生まれてきた学部特性ならではの一冊となっている。一つの学部の中に多種多様な研究者が所属し、学際的な雰囲気の中でお互い切磋琢磨しながら大学教育に取り組んでいる。今回執筆しているテーマを見ても多種多様である。しかし、学問的に背景は異なっていても、学部がねらいとする教育目標や研究推進への熱意には共通のものが存在していることは、日頃の交流の中からもお互い感じるものがある。今回の研究書の刊行は、それをベースとした一冊といえる。

　本書は、2016年度関西大学研究成果出版補助金により刊行されるものである。関西大学出版部の担当保呂氏には、作業の遅い編者により大変ご迷惑をおかけし、お世話になった。記して感謝したい。

執筆者を代表して　岡田忠克

著者紹介

山縣文治（やまがた　ふみはる）
第Ⅰ章　子ども・子育て支援制度の論点と評価　──就学前の教育・保育制度を中心に──

関西大学人間健康学部教授、博士（学術）
専門は、子ども家庭福祉、社会福祉学。社会的養護、子育て支援、就学前保育・教育、夜間保育などの領域で、研究や実践を継続。
【著書】
『子ども家庭福祉論』（単著）ミネルヴァ書房、2016年
『社会福祉における生活者主体論』（共編著）ミネルヴァ書房、2012年
『リーディングス日本の社会福祉：子ども家庭福祉』（編著）日本図書センター、2010年　など

岡田忠克（おかだ　ただかつ）
第Ⅱ章　被保護世帯の高校在学年齢者の生活実態

関西大学人間健康学部教授、博士（学術）
専門は社会福祉政策で、福祉国家の形成過程における福祉行政及び運営管理の国際比較研究、貧困問題、ソーシャルビジネスについて研究している。
【著書】
『よくわかる社会保障』（共編著）ミネルヴァ書房、2006年
『転換期における福祉国家』（単著）関西大学出版部、2009年
『図表で読み解く社会福祉入門』（編著）ミネルヴァ書房、2012年

西川知亨（にしかわ　ともゆき）
第Ⅲ章　シングルマザーの生活史からみる貧困リスク　──時間と空間の社会生態学の観点から──

関西大学人間健康学部准教授、博士（文学）
専門は社会病理学、社会的相互作用論、社会学史で、シカゴ学派社会学を通じた社会調査・

社会学的方法論、貧困対抗活動が生み出す社会的レジリエンス、および家族福祉の社会学について研究をしている。
【著書】
『〈オトコの育児〉の社会学──家族をめぐる喜びととまどい』（共編著）ミネルヴァ書房、2016年
『映画は社会学する』（共著）法律文化社、2016年
『初期シカゴ学派の人間生態学とその方法──Ｅ・Ｗ・バージェスとＥ・Ｆ・フレイジアを中心にして』（単著）京都大学博士（文学）論文、2008年
『現代日本における反貧困活動の展開──時空間の人間生態学』（単著）
『フォーラム現代社会学』第11号、pp.41-53、2012年

森仁志（もり　さとし）
第Ⅳ章　多様化する結婚と家族　──進化論の科学言説が示唆する未来像──

関西大学人間健康学部准教授、博士（学術）
専門は文化人類学で、現在は人類の性行動の多様性について通文化的な比較研究を行っている。
【著書】
『ハワイを知るための60章』（共著）明石書店、2013年
『現代人にとって健康とはなにか─からだ、こころ、くらしを豊かに』（共著）書肆クラルテ、2011年
『境界の民族誌─多民族社会ハワイにおけるジャパニーズのエスニシティ』（単著）明石書店、2008年　など

黒田研二（くろだ　けんじ）
第Ⅴ章　高齢者の権利擁護と地域包括支援体制

関西大学人間健康学部教授、医学博士（大阪大学）
専門は、社会医学、社会福祉学。地域保健、地域医療、高齢者福祉、精神保健福祉などの分野で研究と実践を継続してきた。
【著書】
『学生のための医療概論』医学書院、2012年

『高齢者福祉概説』明石書店、2016年
『大阪の精神医療』大阪公立大学出版会、2006年　など

涌井忠昭（わくい　ただあき）
第Ⅵ章　心身の負担から介護を考える

関西大学人間健康学部教授、博士（医学）
専門は健康・スポーツ科学で、現在はレクリエーション、特に福祉レクリエーションについての実践および研究を行っている。
【著書】
『よくわかる社会保障　第4版』（共著）ミネルヴァ書房、2012年
『現代人にとって健康とはなにか－からだ、こころ、くらしを豊かに』（共著）書肆クラルテ、2011年
『レクリエーション概論』（共著）ヘルス・システム研究所、2003年
『改訂　生活援助のための介護手引』（共著）中央法規出版、2001年

所めぐみ（ところ　めぐみ）
第Ⅶ章　ソーシャルワークと社会開発　——新グローバル定義と日本におけるソーシャルワーカー養成教育の課題——

関西大学人間健康学部教授
専門は、地域福祉実践研究、ソーシャルワーク。地域福祉実践の方法論について、国内外でのフィールドワークをもとに研究と実践を進めている。
【著書】
『福祉ガバナンスとソーシャルワーク』ミネルヴァ書房、2015年
『対話と学び合いの地域福祉のすすめ』CLC、2014年
『よくわかる地域福祉』ミネルヴァ書房、2012年　など

狭間香代子（はざま　かよこ）
　第Ⅷ章　ソーシャルワーク実践における知と論理

関西大学人間健康学部教授、博士（学術）
専門はソーシャルワーク実践論、社会福祉学。ソーシャルワークにおける実践と理論との関係、支援における基本的視座としてのストレングス等について研究。
【著書】
『社会福祉の援助観　ストレングス視点・社会構成主義・エンパワメント』（単著）筒井書房、2001年
『ソーシャルワーク実践における社会資源の創出－つなぐことの論理』（単著）関西大学出版部、2016年
『対論　社会福祉学5 ソーシャルワーク理論』（共著）中央法規、2012年
『岡村理論の継承と展開④ソーシャルワーク論』（共著）ミネルヴァ書房、2012年　など

現代社会の福祉実践

2017年3月31日　発行

編著者	黒　田　研　二
	狭　間　香代子
	岡　田　忠　克
発行所	関 西 大 学 出 版 部
	〒564-8680　大阪府吹田市山手町3丁目3番35号
	電話 06(6368)1121 / FAX 06(6389)5162
印刷所	株式会社 図書印刷 同 朋 舎
	〒600-8805　京都市下京区中堂寺鍵田町2

© 2017 Kenji KURODA / Kayoko HAZAMA /
Tadakatsu OKADA　　　printed in Japan

ISBN 978-4-87354-651-3　C3036　　落丁・乱丁はお取替えいたします。